全民拼經濟

作者自序

際此21世紀全球化與本土化雙重競爭的驚爆E世代，全民拼經濟的特戰秘訣即是全球化賺錢策略（Global Money-making Strategies）與本土化理財策略（Local Money Management Strategies）的統合戰力。因此，一流的財經高手必須具備投資理財策略的看家本領，方能掌握『致富的策略』，進而創造永續財富。

進一步而言，這是一個引爆議題的新世代，舉凡公共議題、公投議題、民生議題、拼經濟議題等都是最新本土化耳熟能詳的討論議題。正因為如此，本書即以議題式取代章節式以表達《全民拼經濟》的論述與寫作的主軸。因此，本書訂名為『全民拼經濟』，內容有許多均為新資料與新創見。

另方面，因為「全民拼經濟」不只涉及個人拼經濟，更涉及國內企業界拼經濟的所有策略與方案。因此，本書亦將工商企業界所應瞭解的經營管理與行銷策略一併納入。同時，本書的論述也適合建議政府採用拼經濟的各種策略以眞正達成「經濟轉型」與「國富民富」的終極目標。

正因為如此，本書所提到「重整知識經濟的經濟新戰力」、「全民拼經濟的策略願景與價值鏈」以及「台灣拼經濟的核心競爭力」都是值得各界參考的資料。

本書承　弘智出版股份有限公司李茂興　兄　暨所有同仁鼎力協助，終能付梓，倍感欣慰，在此特致萬分謝忱！

最後，筆者個人學有不逮，才疏學淺，倘有掛漏之處，敬請賢達指教，有以教之！

許長田 博士 謹識於「東方美人」茶樓
二十一世紀 公元2004年3月1日
Mobile: 0910043948
E-mail:hmaxwell@ms22.hinet.net
http://www.marketingstrategy.bigstep.com

目錄

附錄　經濟知識管理錦囊……1

第一部

知識經濟時代的經濟知識

議題1　國富與民富

議題2　台灣拼經濟的核心競爭力

議題3　重整知識經濟的經濟新戰力

|---|---|---|---|---|
| 議題 11 | 議題 12 | 議題 13 | 議題 14 | 議題 15 |
| 議題 16 | 議題 17 | 議題 18 | 議題 19 | 議題 20 |

議題 1
國富與民富

曾經有一本書「富爸爸、窮爸爸」暢銷全世界，該書的主軸爲增加財富的觀念與技能。因此，民富的成功關鍵要素即是全民拼經濟，培養自己成爲賺錢與理財高手。

從經濟學的理論切入，所謂一隻看得見的手「指政府（Visible Hand）」，與一隻看不見的手「指市場（Invisible Hand）」所帶來的勁爆衝擊力往往是市場機制失靈與政府政策失誤。在台灣已經有六萬個富爸爸，因此，在台灣的每一個人都想要做富國家的富孩子；而不願意做窮國家的窮孩子。

換言之，民富的關鍵成功因素（Key Success Factors /KSF）即是政府必須先付出，創造財富之環境與機會，讓國民都能充份就業，而不致像現在失業率攀升的離譜。本章議題並不是要敘述經濟理論；但必須由亞當·史密斯（Adam Smith）所著的「國富論」（The Wealth of Nation）做引言，導引傳統古典學派與實驗學派，中間有大蕭條（Great Depression）與凱因斯革命（John Mayrald Keynes Revolution）、熊彼得（Joseph A. Schumpeter）、傅利曼（Freeman）、薩繆爾遜（Samulson）等全世界經濟大師的建言與策略論述。

當前台灣失業率太高就是在拼經濟的內涵無法找出病根並提出最佳解決方案（Best Solution）。

二〇〇三年諾貝爾經濟學獎得主美國經濟學家英格爾（Robert Engle）與英國經濟學家葛蘭格（Clive Granger）所提出的貢獻即是兩位得主的研究成果，賦予經濟學者新的風險評估工具（Risk Evaluation Tools），得以精進對諸如經濟成長（Economic Growth），某段時間內之價格或利率等指標性

分析（Benchmarking Analysis）

嚴格而言，就業（Employment）與失業（Unemployment）本來就是經濟變革的重要關鍵因素與指標。這也就是台灣經濟困境的真實寫照。

因此，由全民拼經濟的觀點來說，家庭經濟理財與財務管理的目標必須先加以企劃與執行，這可以效法公司、企業執行專案計劃（Project Planning）的模式，明確訂出財務計劃的預估成效，指定執行計劃負責人（是家庭主婦或家庭主夫），並且確立專款專用的理財原則。

茲將全民拼經濟的戰略ＳＷＯＴ分析圖詳細敘述如下：

全民拼經濟的ＳＷＯＴ分析

優勢S	劣勢W
● 國人打拼精神 ● 全民拼經濟的決心 ● 台灣人很會找錢路 ● 全民樂透的狂熱	● 政府經濟政策未具體與明確 ● 民間企業投資意願不高
機會O	**威脅T**
● 金融市場穩定 ● 股市匯市投資意願高	● 亞洲其他國家對台灣的經貿議題 ● 歐盟國家對台經貿政策 ● 對美國市場仍須再增加順差 ● 對日本市場必須減少逆差

資料來源：許長田教授對財經之研究心得與實戰經驗
http://www.marketingstrategy.com.tw

更進一步而言，如果治理國家要振興經濟的最主要策略當然應屬資本市場的復甦與繁榮；而資本市場最主要的核心議題（Core Issue）當屬股票市場。正因爲如此，全民拼經濟的部份主軸即以股市操作實戰爲基調。

然而，操作股票市場必須專業與實戰經驗。依筆者在股市多年的實戰經驗體會出一句至理名言，即是「股市沒有專家，只有贏家與輸家」。如果要成爲股市贏家，個人認爲必須學會以下幾項股市操作要領與原則：

- 多空交戰市場的致富理念與贏家策略
- 選股實戰策略
- 股票買點與賣點操作策略
- 套牢股票解套之反敗爲勝策略
- 技術分析K線實戰策略

●籌碼戰贏家操作策略
●電子兵團大戰略（電子股行情研判與量能分析）
●跳空攢壓與急殺尾盤的因應策略
●外資法人與券商主力的操盤策略
●研判頭肩頂的操作策略
●研判頭肩底的操作作策略

在股票市場經營實戰中，投資人必須再注意下列各種心理因素與成功關鍵因素（Key Success Factors）：

1. 貪婪與恐懼是股市的大輸家。
2. 大盤漲不用太高興；大盤跌不用太緊張害怕。
3. 基本面：指上櫃、上市公司之企業經營績效與行銷業績。

4.技術面：指技術分析、K線戰法、KD指標與RSI。
5.籌碼面：指法人鎖單之籌碼戰。
6.心理面：指股票市場投資人之心理因素。
7.產業面：指產業前景與景氣看好或看壞。
8.V型反轉與U型反轉之訊號
9.變盤轉折點：指多空交戰變盤做多或放空之轉折點。
10.三重底與單腳彈升之訊號與操作策略。
11.景氣、資金、籌碼決定大盤走勢。
12.融資與融券比例。
13.量能（指每日營業日之成交量）。
14.波段操作之初升段、主升段與末升段（指做多）。

15.波段操作之初跌段、主跌段與末跌段（指放空）。

另方面，影響股價之重要因素（Critical Factors）有下列幾種特色：

一、個別目標（Securities Factors）

1. EPS業績盈餘成長（Earnings Per Share）。
2. 本益比。
3. 專業經理人之經營績效（CEO's Management Performances）。
4. 公司財務結構。
5. 產業結構（如半導體OEM或DRAM、IC設計、封套、測試、主機板）。

二、市場因素（Stock Market Factors）

1.戰爭。

2.政治因素（涵蓋政治穩定度與行政管理能力）。

3.經濟貿易政策與外匯風險（涵蓋貿易順差或逆差）。

4.景氣、資金、籌碼。

5.市場心理（樂觀與悲觀）。

此外，在股票市場操作的實戰策略亦可分爲典型陰線上漲特點與典型陽線下跌特點兩大操作手法：

一、典型陰線上漲特點

1.每日早盤開高，尾盤壓低拉回。

2.箱型狹幅震盪。
3.底部一波一波墊高（漲多跌少）。

操作策略

1.每日開盤模式一漲兩跌，但都沒有跌破平盤，雖然尾盤拉回沒關係，持股續抱！
2.每日開盤出現連三漲或連三跌模式之強烈訊號，應立刻拔檔出脫手上股票！這是因爲大戶與法人摜壓殺尾盤。

二、典型陽線下跌特點

1.每日早盤高低，尾盤急拉上漲，甚至漲停。
2.箱型狹幅震盪。

3.底部一波一波下滑（漲少跌多）。

操作策略

1.每日開盤模式一跌兩漲，目的在引誘散戶或新手進場，拉高出貨或有急漲之現象，小心這是拔檔的訊號。

2.每日開盤出現連三漲或連三跌模式之強烈訊號或急殺、急拉尾盤，此時要以逢低佈局，不進高為原則與操作策略。

另方面，「全民拼經濟」除了股市以外，就非「樂透彩」與「大樂透」莫屬了。

樂透彩、大樂透、四星彩都是全民運動，也是「全民拼經濟」的眞實寫照。樂透彩有集團牌，例如⑪㉞㊴㊶、有反轉牌，例如⑫㉑㉓

㉜、(01)⑩(04)㊵有版路牌，例如㉘㉟與⑬㊲等等。在「全民拼經濟」的實戰中，著實爲國人帶來許多億萬富翁，這也是民富的落實。

如果民富、國富，那當然台灣的經濟一定再創另一波的新奇蹟。從整個國家的經濟政策而言，國際貿易市場的蓬勃發展，將帶動產業的升級與再定位，進而開創國家的經濟命脈，這就是國富與民富的終極目標。

議題 1 議題 2 議題 3 議題 4 議題 5
議題 6 議題 7 議題 8 議題 9 議題 10
議題 11 議題 12 議題 13 議題 14 議題 15
議題 16 議題 17 議題 18 議題 19 議題 20

議題 2
台灣拼經濟的核心競爭力

以策略管理的觀點而言，策略意圖與策略規劃必須達致下列三大成功關鍵要素：一、競爭優勢（Competitive Advantages）；二、核心競爭力（Core Competences）三、高營收高獲利的績效（Outcome Performances）。

因此，全民拼經濟的核心競爭力必須裝重電子化與全球化的思惟與落實。而錢進電子商務即是一股擋不住的誘惑。所謂錢滾錢、利帶利，這是商場的鐵律；也是經頂商人必須投入的致富策略；更是全球商戰的一塊大餅。由於電子商務是全球化與電子化的連結產物，以資訊致富是最佳的投資策略（投入資本較少，但產出的經濟效益與財富將以倍數計算）。

在台灣，不會台語，無法本土化；不會英語，無法國際化；不會電腦，必定落伍；不會上網與操作電子商務，必遭這個e化的世代淘汰。不是每個人都有當總統的命運；也不是每個人都具備膽識與勇氣賺黑錢。因此，升斗小民必須以專業知識與技能才能掙到財富。而紅頂商人就必須靠著商場賺錢術致富；達官顯要就必須以官場撈錢術爲其家庭拼經濟，這是因爲人性，人生活在地球上，無非都是爲了錢。搞來搞去都是爲了黃金、美鈔、新台幣。（除了這些已經沒有其他東西了），這是末法時期的地球人之寫照。

這種模樣不能怪地球人；因爲二十一世紀現代化的地球生活，只有空氣不用錢；其他的生活事物都必須花錢。試想每一個人或每一家庭不勇猛拼經濟、拼財富能活下去嗎？行嗎？因此，這也難怪最近幾年來在台灣愈來愈多人鋌而走險賺一票，因爲他也要養家活口活下去呀！

綜觀以上所述，最聰明的方式就是以電子化與全球化的賺錢術去拼經濟，這樣就可避免在商場與官場撈錢現形之後的醜態與吃上官司。

以人性的觀點與角度而言，「財富」真的是擋不住的誘惑。因此「錢進電子商務」就是全民拼經濟的核心競爭力。接下來要談的就是「電子商務」的議題與成功關鍵要素（e-Commerce Issue and Key Success Factors）

際此知識管理（Knowledge Management）的新世代，全球資訊網路（Internet）的大整合，無形中促成了全球電子商務的蓬勃發展。換句話說，資訊科技已經引爆全世界一股擋不住的風潮；而此種洪流將建構出全球電子商務（Global e-Commerce）的發展主軸。

更進一步而言，電子商務並不是只侷限在國際網路而已。事實上，國際網路僅係許多全球電子商務技術中的一個環節而已；其他重頭戲尚包涵電子郵件、電話系統、傳眞功能、手提式或掌上型數位設備以及電子資訊網站等全方位之整合機制。因此，策略性電子商務（Strategic e-commerce）的領域係涵蓋一切能使客戶運用電子網路互動式溝通的橋樑。正因爲此項理念的衍生，全世界大多數的企業都是以延伸觸角的經營戰略觀將網際網路視爲企業e化的行銷通路與最佳的媒介平台。以電子商務發展的實戰策略而言，透過網際網路的機制進行企業對企業（Business0to-Business/B2B）電子商務之實戰應用將是電子商務推行成功與否的最主要核心課題。

在跨越二十一世紀的數位電子化時代，全球企業龍頭無不都在是思惟如何突破資訊科技的極限，以挑戰全球資訊革命與數位經濟的再定位角色。因此，企業應變力與企業競爭力已成爲國際市場的生存法則；同時，企業資源的整合亦爲電子商務成功的不二法門。以往企業經營的模式都是強調產品品質與研發技術的一流水準；然而，在資訊管理（Information

Management）與電子商務雙重的振盪之下，企業經營者必須面對整合行銷、研發、採購、品保、倉儲、物流、製造、人力資源、財務、策略企劃、經營管理團隊、部門功能管理機制，另一方面，必須透過實戰運用資訊、通訊、網路以及企業經營策略的電子商務科技整合涵蓋物流、金流、資訊流、人才流、商流的作業流程系統，以同步運作上游、中游以及下游之產業供應鏈（Industry Supply Chain），方能確實滿足客戶特定需求、靈活運存運轉、縮短交貨期、快速接單與全年訂單排程（Annual Forecast）的應變力與解決方案，以提昇並強化企業整體競爭力。

以臺灣市場而言，網路創意的投資全部平均約在新台幣一千五百萬元之內，其中60％左右均以Business-to-Customer/B-2-C）爲主要的經營型態，排名第二者爲（Business-to-Business/B-2-B），網路社群以及網路行銷廣告等推廣領域。因此，以市場行銷的觀點而言，市場接受度與市場規模絕對是網路行銷與電子商務經營成敗的核心關鍵。換句話說，電子商務如要經營成功必須著重下劃幾項課程：

一、經營管理方面

1. 經營理念與企業文化（Management Philosophy & Business Culture）
2. 經營策略（Managing Strategies）
3. 管理制度（Management System）
4. 走動式管理（Management By Walking Around）
5. 目標管理（Objective Management）
6. 計劃管理（Plan Management）

7. 表單管理（Documents Management）

8. 部門功能管理（Department Functional Management）

9. 企業願景與企業使命（Business Vision & Mission）

10. 經營管理高階團隊（Top Management Team）

二、市場行銷方面

1. 市場競爭策略（Market Competition Strategy）

2. 目標市場與市場區隔（Target Market & Market Segmentation）

3. 市場定位（Market Positioning）

4. 產品定位（Product Positioning）

5. 品牌行銷（Brand Marketing）

6. 通路整合（Channel Integration）

7. 物流管理（Logistics Management）

8. 網路廣告（Internet Advertising）

9. 電子商務促銷（e-Promoting）

10. 客戶關係管理（Customer Relation Management /CRM）

11. 供應鏈管理（Supply Chain Management /SCM）

12. 網上零售系統（e-Tailing）

許多人心中常有一個疑慮：那就是台灣的核心競爭力（Core Competences）應如何塑造？其實這個議題的解決方案（Agenda Solution）就是要政付拿出迫力與擔當，一切爲經濟。

套句前美國總統柯林頓（Bill Clinton）的治國名言：「笨蛋！問題在經濟！」

因此，爲了使台灣經濟轉型，也爲了使台灣成爲台商與跨國企業建構多國籍企業經營總部的最佳重鎭，政府已開始著手（由經濟部負責推動）挑戰二〇〇八：六年國家發展專案之「產業全球運籌電子化」（Global Logistics e-Business on Industries Development）。希望此項新計劃與大工程能順利推展得有具體績效。這樣，全國在推動e化的活動就能正落實。換言之，只有全民e化才能眞正在二十一世紀的台灣拼經濟，要不然只有靠運氣看是否能中到樂透彩與大樂透的頭獎。

許多人心中常有一個疑慮：那就是台灣的核心競爭力（Core Competences）應如何塑造。其實這個議題的解決方案（Agenda Solution）

就是要政府拿出迫力與擔當，一切爲經濟。

進一步而言，台灣必須走出經濟與企業經營的困境，亦必須走自己的焦點定位（Focus Positioning）。換言之，台灣雖然已從資源導向經濟（Resources-Oriented Economy）轉型爲投資導向經濟（Investment-Oriented Economy）然而必須再轉型爲創新導向經濟（Innovation-Oriented Economy）才能解決經濟問題。

議題 1	議題 2	議題 3	議題 4	議題 5
議題 6	議題 7	議題 8	議題 9	議題 10
議題 11	議題 12	議題 13	議題 14	議題 15
議題 16	議題 17	議題 18	議題 19	議題 20

議題 3
重整知識經濟的經濟新戰力

在這個知識經濟的e世代，財富的管理觀念(Money Management)係現代人必須具備的生活知識。從市面上各種暢銷的理財書籍狂銷熱賣，即可瞭解全民對財富管理與投資理財的渴望與追求，心想如能學得一技之長，即可累積無限的財富，達成富爸爸、富國民的理想目標。

因此，有人會說：「有錢眞好！」的確。但是要致富必須具備專業賺錢的本領。換句話說，全民必須學習再學習，學習投資理財的看家本領。筆者曾經有七個夜晚未眠，就在研究學習股票操作策略與專業知識；另外，對於樂透彩也勢必作筆記與思考其中的數字奧妙與統計學的關係。總之，天下沒有白吃的早餐、午餐與晚餐。

因此以知識經濟的觀點而言，全民的經濟新戰力取決於政府、企業與全民的策略聯盟；換言之，政府必須優先考慮全民的福祉與經濟利益，這就是台灣優先，相信台灣能夠站起來與硬起來的關鍵課題。政府只要能照顧國民的經濟，讓國民都吃得飽、都有工作、都有收入，世界各國政府都以此項工作做爲執政績效的指標。這就是「全民拼經濟」的關鍵成功要素（Key Success Factors /KSF）。另方面，經濟新戰力對台灣而言，無論在高科技產業（High-tech Industries）或通路物流業（Channels Logistics Industries）或貿易行銷業（Export Marketing & Import Marketing）都是最最賺錢的產業或行業。

以高科技產業爲例：如半導體、DRAM、PDA、網路通訊、TFT-LCD面板、IC設計、DVD-ROM光碟片、生化科技、數位相機、遊戲機、手機、筆記型電腦…等都是台灣的競爭優勢與利基。從所謂半導體晶圓OEM的兩大龍頭（台積電與聯電）的股票在市場都被投資人認同與做爲投資標的可為證明。

進一步而言，英發凌科技公司（Infineon Technologies）與台積電、聯電都有生意伙伴的關係，談公司就是認定台灣在半導體製程技術領域最具領先的超水準。

另方面，根據市場研究報告顯示：台灣人敢衝敢賭的特性與理財撇步，都是經濟新戰力的一股戰力與執行力。高科技產業的變革，只是台灣大部份產業的小縮影。根據商業週刊的調查顯示：六年級世代的族群面貌中，已不見企圖心與抗壓性強的「拼命三郎族」，只剩下懶惰的「胸無大志族」與「愛錢追夢族」。六年級生成長於台灣的「黃金年代」，也位於台灣經濟成長率二位數的高峰期；六年級世代在此時步入社會，搭上了經濟成長的順風列車。因此六年級世代對自己與對大環境的期望，也陷於如此的定位中；只不過，當六年級生進入職場，台灣經濟成長率已在2%至3%徘徊，民國九十年甚至首度呈負成長之衰退情況，而個人國民所得也進入成長停滯的時代。

綜觀以上所述，台灣經濟最輝煌的時代過去了嗎？是否能再現經濟奇蹟？可以斷言的說，台灣高經濟成長是眞的不再來了。

然而，台灣正在推行知識經濟（Knowledge-Based Economy）與知識管理（Knowledge Management）的各項活動；並以透過知識創新、價值創造（Value Creation）、知識整合（Knowledge Integration）、知識分享（Knowledge Sharing）的模式與知識經濟之驅動力帶動經濟成長、財富累積與促進就業；這些方案都是在執行台灣經濟新戰力的主要關鍵焦點（Critical Key Focuses /CKF）。

（http://www.strategydownloading.com.tw）

（http://www.knowledge based economy.com）

另方面，台灣經濟新戰力必須建構在財經知識與創新價值的主軸上才能釋放經濟發展的動能（動態能量）與執行績效。

嚴格來說，知識管理即是企業爲了敏銳應變企業外部環境的變革所從事的資訊整合、分享與行動，在在都以「策略」爲主導；以計劃爲執行的具體方案。同時，也是爲了回應各種不同的企業與市場競爭態勢而實施的彈性管理等等之必要措施與步驟。換句話說，知識管理無非是能使企業起死回生，不斷地進行自我診斷、自我變革的整合與改造的對策。因此，企業體絕對不可以安於現狀；不可以視現在的成功與繁榮而感到沾沾自喜與自鳴得意。必須一波又一波地自我變革，唯有如此，才能達到企業永續經營（Going Concern）的終極目標。

更進一步而言，現代的企業已被要求做全新的調整、整頓與整合，這就是企業資源（Business Resources）的內涵管理（Content Management）。而企業資源涵蓋了下列幾個重要的核心課題（Critical and core Issues）。

1. 人力資源管理
2. 財務管理
3. 行銷策略
4. 策略管理
5. 經營理念與企業文化
6. 企業願景、使命與目標
7. 高階經營管理變革團隊與策略領導

更進一步而言，「企業」這兩個字就是"Business is Risky Business"。英文的意思是需要勇氣、智慧、眼光與魄力的條件以克服困難與風險的事業。地球上的任何事件都是競爭的，只要有人存在，必然有競爭；而競爭是實力與智慧的總和較量，用智力比用蠻力更爲重要，也更爲有效果。所謂"Don'g Just Work Harder, Do Work Smarter"。因爲用智力（或稱謀略）是以小勝大，以弱贏強。

最後的結論；談到「全民拼經濟」與「台灣經濟新戰力」這些攸關全民福祉的議題，政府必須建構「全套的民生與經濟問題解決方案」（Full Set Total Solution for Economic Problems and Problem Shooting Project）與完備穩定的經濟政策（Economic Policy）才能徹底解決國富與民富的各項問題。

全眼全球與台灣市場在二十一世紀的挑戰與巨變，深深覺得現代人對累積財富的理念與作風，都是具有敢衝敢賭的行事風格，這從樂透彩全民運動的事實可看出眞相。尤其是在股市一萬二千點指數的榮景已不再來的情況之下，國人在資本市場撕殺的手法與心態更是驚險萬分。

地球人類從十九世紀工業革命的經濟主軸開始即終結了長達八千年以農業創造財富的歷史。

正因爲如此，經濟大蕭條（Great Depression）的痛苦教訓讓全世界的人體認到：金融市場如果不受約束，不但本身會受創慘重，甚至會禍延整個世界經濟體系與經濟活動（Economic System & Economic Activities）。

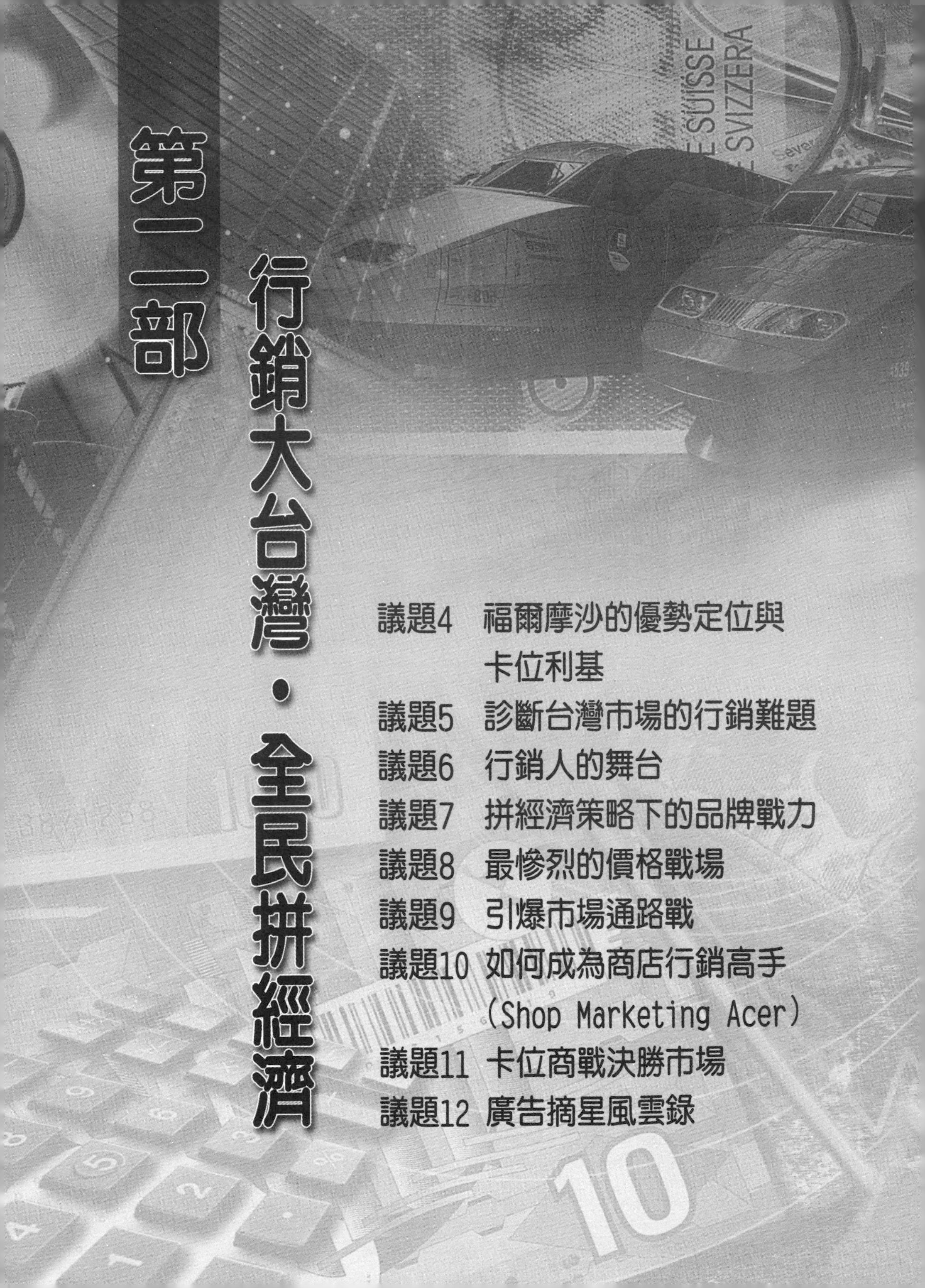

第二部 行銷大台灣・全民拼經濟

議題 4
福爾摩沙的優勢定位與卡位利基

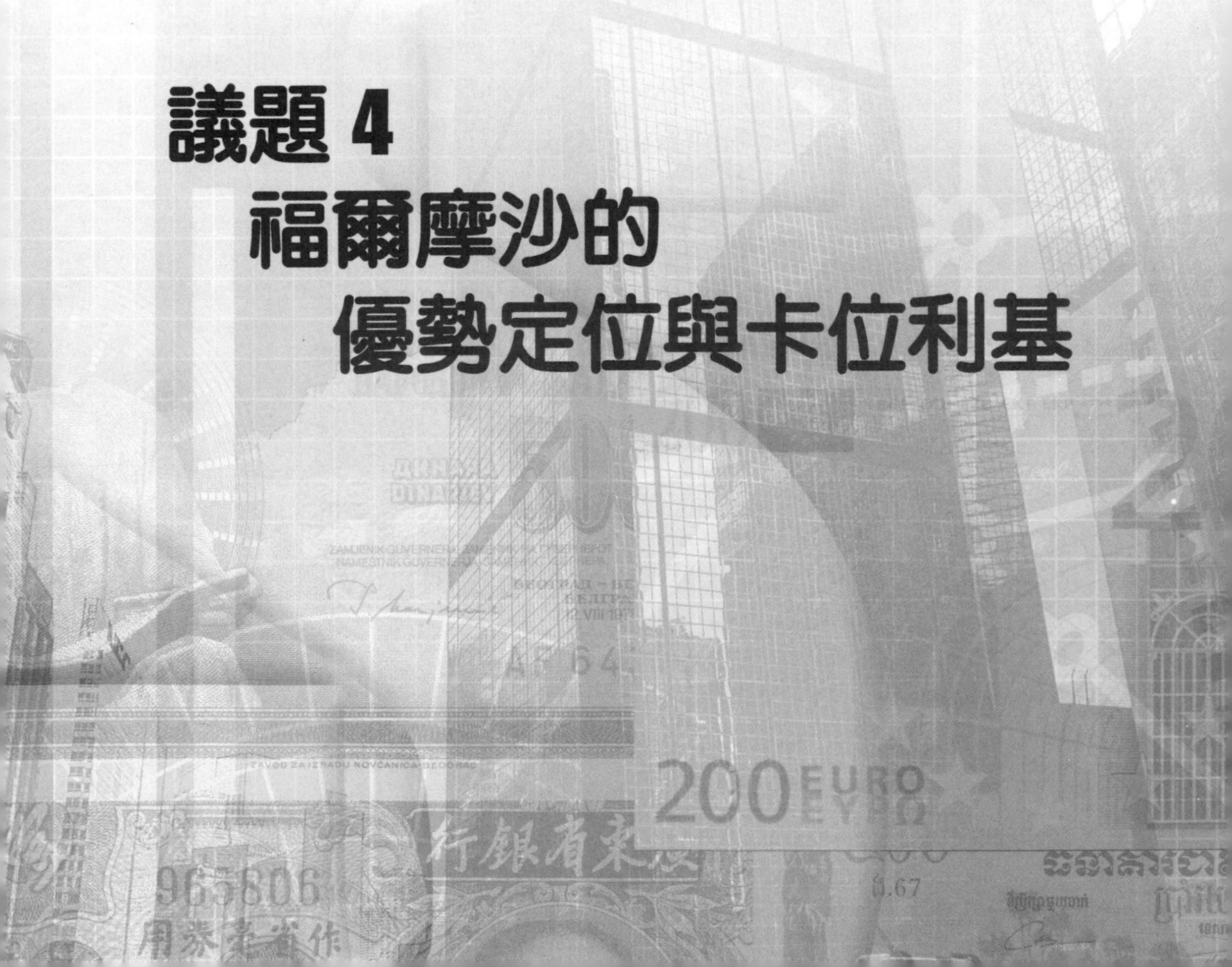

台灣的古老諺語有云：「台灣錢淹腳目！」，的確，這種「打拼」的市場特性著實曾為「台灣經濟奇蹟」寫下一頁光榮的經濟發展史。

正因為如此，從全球經濟舞台的發展觀點而言，正當許多人時常思惟著：「日本能、德國能、台灣為何不能？」的課題時，筆者認為：台灣未來一定能在國際經貿的舞台上再創永垂不朽的青史！

然而，在台灣商場上也甚為流行的行話——「好康耶，無三日好光景！」由此可見台灣市場是一個「敢拚、敢衝、敢死」的「跳蚤市場」（Flea Market）。以市場行銷與市場競爭的角度觀之，任何行業與商品都能充斥於台灣市場而引爆世界上最慘烈的價格戰爭（Price War）。

多年前，曾有台灣某媒體記者團走訪英國XO酒廠總公司的總裁，該公司總裁在得知ＸＯ酒在台北、台中、高雄等大都會的酒廊與鋼琴酒店（Piano Bar）的零售價外加開瓶費居然高達每瓶台幣一萬六千元左右，許多酒國英雄尙覺得價位便宜等新鮮事之後，頓然神態愕然，嘖嘖稱奇！

綜觀以上所述，彷彿在台灣市場的商場遊戲規則中，價格早已不再是刺客（刺激顧客消費）戰略的萬靈丹。尤其在新一代的消費者——「新新人類」與「e世代年輕人」之「自我消費主張」的運動興起後，台灣市場頓時成爲行銷商戰的競爭舞台與企業商家廝殺業績的終極戰區！特別一提的是在衆多水貨商點燃了「眞品平行輸入」（Duty-unpaid Cargos）的戰火後，水貨大戰隨即如火如荼地全面展開，引爆另一波台灣市場全方位的行銷大戰！

因此，在台灣，不會台語，無法本土化；不會英語，沒辦法國際化，不會電腦，那可就落伍了；不上網路，勢必被資訊洪流所淹沒而遭受淘汰的命運。特別是欣賞過幾部與電腦軟體革命有關的電影如《桃色機密》、《捍衛機密》、《網路上身》等科技電影，更深感要成爲全球資訊世紀的大贏家，必須對電腦軟體創新的資訊革命具有深刻的了解與體認。而台灣在電腦軟體與網路資訊等專業領域的優勢，可說是另一場資訊與通訊戰的決戰市場。

更進一步而言，台灣市場的再定位策略必須朝向國際化市場利基與國際行銷中心，方能轉型成爲亞太國際貿易與全球行銷中心。換句話說，福爾摩沙的再定位即是要整合台灣市場的一切行銷資源，塑造全新的行銷文化與培訓一流的國際行銷高手。茲將台灣市場的再定位策略詳細敘述如下：

一、市場領導者（Market Leader）

- 整體台灣市場開發
- 台灣市場佔有率擴張
- 台灣行銷地位戰略保衛

二、市場挑戰者（Market Challenger）

- 正面攻擊市場區隔
- 側翼攻擊市場利基
- 包圍攻擊市場利基
- 迂迴攻擊市場利基
- 游擊戰攻擊市場優勢

三、市場追隨者（Market Follower）

- 學習型行銷文化
- 學習型行銷戰力
- 培養自己的行銷實力以隨時坐大

四、市場利基者（Market Nicher）

- 產品定位游擊戰
- 高價位游擊戰
- 機動卡位游擊戰
- 蠶食型游擊戰
- 特定目標市場區隔游擊戰

由以上觀之，福爾摩沙的再定位係以「競爭行銷商戰」（Competitive Marketing）與「策略性行銷商戰」（Strategic Marketing）爲最高指導原則與定位主軸。其涵蓋的領域可分爲下列各種利基：

一、再定位目標

目標常被視爲「控制原則」。因此，再定位目標必須明確地加以界定，內容必須詳盡並具有可行性。此外，再定位目標必須細分爲許多子目徹底執行到底，以利台灣市場的利基定位與卡位作戰。

二、主動出擊目標市場

採取主動並保持競爭優勢，這樣台灣市場才能集中戰力於區隔市場的競爭優勢。然而，行動導向並不意謂可任意耗費行銷資源（包括人力、財力、物力、時間），應該是謀定而後動，充分、有效地加以運用。

三、統一指揮市場作戰戰力

整體戰鬥策略的發揮，有賴於單一指揮者有效運用整體行銷資源，但在其背後可能由一群行銷團隊研討策略後再由其整合出最佳之行銷大台灣之商戰決策。

四、優勢行銷

台灣市場的行銷高手必須敏銳犀利，反應靈敏以及具備商戰經驗，適時指出市場的切入機會，並彙集集足夠的行銷優勢後，發動市場開發的戰力與市場物流支援管理。

五、市場奇襲戰略

在台灣市場行銷的領域中，引進新產品或新行業乃是運用奇襲商戰的絕佳機會。因爲奇襲具有相當程度的重要性，亦可令其他的市場競爭者防不勝防。

六、台灣市場行銷戰力

成功的市場行銷戰力（Marketing Forces）涵蓋了任何競爭導向之行銷計畫、媒體運作計畫、顧客服務，以及產品組合等因素，都應加以考量其行銷業績成果與市場占有率。

按照策略性行銷經營管理的流程而言，策略行銷過程可分爲下述六大重要關鍵焦點（Critical key Focuses/CKF）：

- 分析市場機會（Analyzing Market Opportunity）
- 選擇目標市場（Selecting Objectives and Target Market）
- 擬訂行銷計劃（Developing Marketing Strategies）
- 擬訂銷計劃（Formulating Marketing plans）
- 執行行銷計畫劃（Implementing Marketing plans）
- 控制行銷成果（Controlling Marketing Results）等之一連串過程

由上述可知，台灣所面臨的市場環境極爲複雜多變，此種既複雜又多變的行銷體系是台灣市場特有的市場狀況（市況）。無可諱言地，企業生存所需的必要條件，以及衡量其達成目標的績效標準都是由台灣市場的行銷體系所主導；而台灣市場的行銷體系即涵蓋了下列各種子系統：

一、產品功能（Product Functions）

例如包裝、品牌、品質方面的活動，整體企劃產生機能。

二、新產品開發（New Product Development）

針對台灣市場客戶需求，新產品的開發對台灣市場行銷體系是相當重要的一環，因為沒有新產品，企業就不易發展與成長。

三、行銷通路（Marketing Channels）

亦即行銷網（Marketing Networks）與物流管理以台灣市場的利基與區隔為切入之市場機會點。

四、現場實地銷售（Field Sales）

此種行銷系統都是由業務銷售高手（Top Sales）負責擔當，例如店鋪排設、商店動線、商品庫存管理、商品企劃（Merchandising），以及POP店頭廣告等，都是實地市場銷售的指標。

五、台灣市場行銷情報（Marketing Intelligence）

企業的經營係以客戶的特殊需求與顧客的變化爲行銷依據要素，因此客戶的變化與需求，對台灣市場的行銷高手而言，應能立即隨時感覺出來。

綜觀以上所述，際此企業e化新世紀的行銷學係「策略」、「市場」、「定位」、「廣告」、「媒體」、「通路」、「競爭」、「企劃」與「創意」等多元化商戰之組合體系。而台灣市場之行銷商戰即在使福爾摩沙的優勢突顯出來，轉變成「優質台灣」、「希望台灣」、「快樂台灣」之再定位。從台灣的市場再定位，重新整合台灣市場特有的行銷資源、人力資源、財經資源以及經貿資源，重新在國際市場開創更亮麗的行銷商戰成果。

換句話說，台灣市場行銷成功的秘訣即是發揮顧客滿意（Customer Satisfaction/CS）的服務行銷（Service Marketing）的特性與服務精神的發揮，這樣才能綜合行銷組織、企劃、執行與控制，以達成既訂的行銷業績與市場佔有率，進一步促成行銷大台灣臯成功績效（The Successful Marketing Performances in Taiwan）。

因此，台灣市場的滲透策略涵蓋下列四種作戰計劃：

●市佔計劃：以舊產品在舊市場提高行銷量與市坦佔有率。
●刺客計劃：刺激客戶之品牌忠誠度與市場利基所建構的行銷優勢。
●買氣計劃：吸引游離性新顧客購買。
●分化計劃：吸引競爭者的顧客購買。

終結台灣市場的再定位必須完全掌握台灣市場行銷趨勢與顛覆市場的實戰技能，再加上行銷大台灣特有的優勢行銷策略以及卓越的行銷組織所整合運作的機制，方能突破台灣市場行銷的困境，也才能化危機爲轉機與契機。

茲將行銷大台灣的「優勢行銷」策略所發揮出來的威力與效果分述下列各種戰術：

●否定市場競爭態勢，將競爭者硬比下去。
●再定位策略的靈活運用。
●否定競爭者的廣告策略與廣告表現
●切斷並封死競爭者的行銷通路。
●將商品重新區隔、定位以求取差異化。
●如果遇到價格戰，可將公司比較具劣勢的商品削價應戰。
●如果競爭者是水貨商，又稱「眞品平行輸入」，則最佳的競爭行銷策略即是刻意將市場競爭態勢重新整合，並故意渲染水貨與代理商正貨之優劣差異。亦即刻意使出「事件行銷」（Event Marketing）之殺手，藉題發揮，絲毫都不能放過與鬆解，這就是「優勢行銷」的打點攻擊。

企業經營策略之發展過程不外乎行銷策略主導市場的一切活動。因此，台灣市場的卡位作戰、通路聯盟、物流管理、市場活化、商品再定等等都是行銷大台灣必須實踐的商戰活動。這也就是福爾摩沙再定位的最佳寫照。

議題 1 議題 2 議題 3 議題 4 議題 5
議題 6 議題 7 議題 8 議題 9 議題 10
議題 11 議題 12 議題 13 議題 14 議題 15
議題 16 議題 17 議題 18 議題 19 議題 20

議題 5
診斷台灣市場的行銷難題

這是一個整合「行銷」、「廣告」、「創意」、「戰略」與「企劃」的多元化時代化與全方位市場作戰的時代。企業經營的成敗，深受甚多因素影響，但其中以「產品策略」（Product Strategy）與「市場策略」（Market Strategy）爲兩大最決勝性的影響因素。

因此，爲了達成企業經營的成效管理（Results Management），企業必須不斷地提升企業應變力、企業競爭力以及企業經營戰力，並塑造成「不敗的企業」。更進一步而言，成功的企業在企業競爭的整體作戰中，必須尋找出一個獨特的市場優勢定位，以便與競爭者做長期差異定位競爭，並由此種差異化策略中，獲取競爭優勢（Competitive Advantages）以及市場利基（Market Niche）。

換句話說，知識管理時代的創新行銷理念必定以企業商戰爲競爭主軸。而企業商戰的成敗取決於市場定位與競爭策略。因此，企業行銷商戰應整合「戰略行銷」（Strategic Marketing）、「滲透促銷」（Penetrating Promotion）以及「實戰推銷」（Real-Combat Selling）作整體設計與謀略企劃，方能克敵致勝。因此，一流的行銷人（TOP Marketers）應具備行銷企劃（Marketing Planning）與行銷策略（Marketing Strategy）的決戰本領，方能掌握「贏的策略」而運籌帷幄，決勝千里。

「行銷」最主要的特質即是「市場爭霸戰」（Market Warfare）；而市場爭霸戰必定由市場規模（Market Scale）、市場佔有率（Market Sliare）、市場競爭態勢（Market Competitive Situation）以及市場利基（Market Niche）等諸重大因素，而整合出強而有力的市場攻略戰力（Market Forces）。

筆者認爲：市場行銷的特質就是市場爭霸戰。所謂行銷謀略

（Marketing Strategies）就是要企劃如何將產品或服務很成功地切入目標市場並加以定位、卡位以及占有利基市場優勢的專業實戰策略（Professional Market Real Combat Strategies）。

然而，正由於台灣市場是全世界最奇特的市場，無論是行銷人的商戰思維與運作模式，或者是通路業者與經銷商的行銷手法都是以劣幣驅逐良幣的降價活動與促銷活動爲引爆價格戰與促銷戰的前鋒。

爲了更具體敘述台灣市場的行銷問題，筆者再詳細列出台灣市場的諸多問題點如下，以利各界參考！

- 市場係劣幣驅逐良幣的操作模式。
- 行銷通路混亂，常有越區行銷的情形。
- 價格戰常促使市場濫掉。

- 殺價是商場行銷常見的商戰行爲。
- 品牌是新新人類市場的最愛。
- 促銷活動的折扣往往吸引顧客趨之若鶩。
- 廣告必須具有震撼性、煽動性與煽情性的創意。
- 八卦新聞式的Event行銷正流行於台灣市場。

此外，行銷大台灣必須研究台灣市場的消費行爲與台灣市場特性，方能成功地行銷目標市場。茲將台灣市場分析評估表以圖示詳細說明如下：

台灣市場分析

以往市場活動的評估

1.市場規模
2.市場成長性
3.市場接受度
4.顧客接受態度
5.商品品質與包裝
6.市場競爭態勢
7.SWOT戰略分析
8.通路型態
9.市場區隔

以往市場活動的評估

1.市場行銷業績（銷售額及銷售量）
2.市場佔有率
3.毛利率（市場行銷利潤率）
4.市場活動費用
5.廣告活動評價
- ·廣告費比例
- ·知名度、理解度、好意度、忠誠度

6.商品普及率
7.銷售店率

↓

台灣市場問題點與切入機會點

綜觀以上所述，行銷大台灣就是以動態的市場活動與優勢競爭爲市場作戰之主軸，唯有如此才能在台灣市場爭霸戰的行銷商戰舞台運籌帷幄，決勝千里。

另一方面，由於台灣市場的行銷問題係根深蒂固式的區域市場操作，因此，行銷通路的保護與卡位即格外顯著。例如台北市場與高雄市場就因都會區市場利基與特性之差異而具備當地市場（Local Market）之卡位優勢。

一般而言，行銷活動的執行過程是將行銷策略與行銷計劃轉化爲行銷執行活動，以達成策略性行銷目鏢之實戰運作。正因爲如此，許多企業每每在行銷策略的執行上缺乏毅力與決心而造成行銷策略的失敗。相較之下，成功的行銷策略必須具備下列各種條件與指標，方能眞正達成行銷績效（Marketing Performances）：

- 研究（市場研究→市場調查）
- 定位與市場定位
- 競爭態勢與競爭策略
- 區隔與卡位作戰
- 生命週期與各期之行銷策略
- 開發與品牌印象
- 策略與成本效益
- 通路與物流管理
- 策略與媒體戰略
- SP促銷活動與Event事件行銷（或稱活動行銷）

- 經銷商之建立與輔導
- 總經理、CEO與經營者之全力支持
- 公關活動與媒體文宣報導
- 行銷策略執行徹底與適時修訂
- 企業內相關部門之全力支持與配合
- 行銷策略再定位爲「整合行銷商戰戰略」（Integrated Marketing Strategies）。

綜合以上所述，行銷大台灣的行銷策略如欲成功，其最核心的秘訣即是企業龍頭（董事長、總經理、CEO）或經營團隊的經營理念與企業文化的落實推行。此蓋因爲企業經營策略係以70％之台灣市場行銷策略與30％之企業經營理念等全方位策略聯盟之統合績效。

因此，台灣市場的行銷策略必須在企業體徹底執行，方能達成台灣市場爭霸戰的行銷業績與市場卡位的雙重效果，否則行銷策略勢將遭遇失敗的命運。

在台灣市場行銷必須講求戰略性思惟（Strategic Thinking），方能思考切入台灣市場與提升行銷業績的「撇步」，一方面可打擊競爭者在同一目標市場或同一行銷通路的優勢與利基；另方面，可鞏固自身的行銷利基與優勢，這樣必定能避開在台灣市場的價格戰與通路戰。基於「知己知彼，百戰百勝」的市場信念，企業行銷大台灣必須再定位爲：避免採用市場割喉競爭（Cut-throat Competition）；而必須採用「小魚吃大魚」的市場游擊戰，進而蠶食市場，唯有如此，台灣市場行銷業績才能穩定成長而不會產生業績下滑的現象。

由上述觀之，行銷策略在台灣市場運作而導致執行不良之原因不外下列各種因素：

- 造車的規劃行銷策略，亦即不看市場而一味地寫作行銷策略，只是強調文筆流暢而已。
- 目標與短期目標衝究之取捨，亦即行銷決策往往失去準頭而無法按照目標執行徹底。因此，長期與短期目標的優先順序即被顛覆。
- 體員工對行銷策略與企業變革之抗拒而導致行銷策略執行績效低落。
- 具體的執行計劃，亦即只是紙上談兵，無法在台灣市場眞槍實彈的運作與執行。
- 部的新手業務常缺乏自信心與毅力，遇到競爭對手的通路阻擋或卡位戰、價格戰，隨即退縮不前。此種情形必須藉由魔鬼訓練之教育學程與沙盤演練，方能造就成爲一流的業務高手（Top Sales）。

- 略一味地套公式，毫無差異化定位的運作，這樣一定導致在台灣市場行銷失敗的命運。
- 部門主管與經營者、CEO對行銷策略的預算不夠支持，常導致行銷失敗的結果。

所謂善戰者求之於「勢」。企業在台灣市場的行銷商戰要領與作戰策略，必須徹底執行（總經理與CEO在這方面必須特別要有毅力與決心），方能在行銷大台灣時找出自己獨特的市場利基，進而能塑造企業爲「不敗的企業」。

議題 1 議題 2 議題 3 議題 4 議題 5
議題 6 議題 7 議題 8 議題 9 議題 10
議題 11 議題 12 議題 13 議題 14 議題 15
議題 16 議題 17 議題 18 議題 19 議題 20

議題 6
行銷人的舞台

筆者認爲：行銷戰就是市場爭霸戰，亦是市場商戰（Business Warfare）。究其核心精髓就是切入目標競爭市場的滲透策略。亦即擬訂目標市場企劃的戰略決策（Strategic Decision）。

換句話說，一位身經百戰的專業行銷人在台灣市場商戰的舞台必然是以謀略、企劃、業績以及市場佔有率爲主軸，進而引爆台灣市場經營的企劃戰略（Taiwan Market Planning Strategies）。

行銷大台灣在商戰策略的領域即是企業市場商戰策略（Business Marketing Strategies），其眞正的涵義係針對目標市場之商品或服務所滲透之目標市場做整體作戰所擬訂之長期戰略與短期戰術。長期戰略大約以五年以上之時間來規劃作戰方針；而短期戰術較著重三年，甚或一年之內的突破業績與市場攻堅的行銷術。例如行銷通路是否以直銷或門市之佈局都會在三年之內建構強而有力的行銷網路與市場競爭利基。因此，企業在台灣市場的商戰必須以擬訂行銷目標與市場攻堅爲前題，方能企劃出因目標市場與行銷目標之不同而有不同之行銷商戰策略。茲將行銷大台灣必須具備之商戰理念詳細分述如下：

- 市場區隔（Target Market Segmentation）
- 企業國際化經營策略（Internationalize Managing Strategies）
- 高階經營管理策略（Top Management Strategies）
- 定位策略（Positioning Strategies）
- 整合行銷商戰策略（Integratea Marketing）
- 服務行銷（Service Marketing）
- 物流管理（Logistics Management）

- 顧客滿意行銷（Customer Satisfaction/Marketing）
- 客戶關係管理（Customer Relationship Management/CRM）
- 市場利基與優勢（Market Niche and Advantages）

綜觀以上所述之商戰理念，行銷大台灣必須涵蓋以下各種實戰主軸：

一、市場占有率的評估

- 先賺取行銷商戰利潤或是先切必市場
- 台灣市場中是否有競爭降價的因素

二、行銷問題點與切入市場之機會點

- 台灣市場問題點的突破思維

- 台灣市場機會點的掌握攻堅

三、產品分析

- 產品差異與產品優勢
- 產品利基與產品定位
- 產品品牌訴求與品牌策略

四、市場分析

- 台灣市場現況分析（市場區隔策略）
- 市場競爭態勢SWOT戰略
- 市場定位與再定位策略

五、消費者分析（目標客層分析）

- 目標客層區隔與分析購買力
- 目標消費群需求點分析與評估
- 目標客層購買動機與消費習性
- 目標客層生活型態（Life Style）分析與評估

六、產業分析

- 產業規模結構分析與評估
- 產品生命週期分析與評估
- 產業競爭分析與評估

七、競爭分析

- 競爭者之優勢與劣勢分析
- 競爭策略之擬訂與評估

八、產品定位

- 產品定位在眞空（任何競爭對手不進入的市場空隙）市場的利基
- 產品定位在別人沒有的優勢

九、物流戰略

- 物流時間管理
- 物流成本管理

十、行銷組合

- 產品如何切入目標市場
- 台灣市場訂價如何定位
- 台灣市場通路如何究破
- 推廣策略如何擬訂
- 台灣市場競爭策略如何擬訂

十一、廣告策略在台灣市場的實戰應用

- 廣告目標的設定
- 廣告媒體的選擇
- 廣告預算的擬訂

●廣告創意的激發

●廣告效果的評估

一般而言，行銷策略（Marketing Strategies）係由行銷理念之思惟與統合，藉由行銷資源（Marketing Resources）之整合行銷作戰（Integrated Marketing Operations）引爆出行銷戰略、戰術與戰力之全方位作戰系統。因此，台灣市場的行銷謀略主要在爭取市場占有率的擴大與行銷商戰必須整合「戰略行銷」（Strategic Marketing）、「滲透促銷」（Penetrating Promotion）以及「實戰推銷」（Real Combat Selling）作整體全方位設計與企劃，方能敵制勝。因此，台灣市場的一流行銷人應具備行銷企劃與行銷策略的決戰本領，方能掌握台灣市場企業商戰「贏的策略與實戰績效」。

筆者認爲：台灣市場的專業行銷高手必須運用特殊的行銷商戰模式，

先佔刻市場優勢與利基，然後再將市場定位與區隔，最後擬訂能在台灣市場作戰的行銷策略並徹底執行，唯有如此，中小企業才能在與大企業競爭中求得生存與發展。

議題 1 議題 2 議題 3 議題 4 議題 5
議題 6 議題 7 議題 8 議題 9 議題 10
議題 11 議題 12 議題 13 議題 14 議題 15
議題 16 議題 17 議題 18 議題 19 議題 20

議題 7
拼經濟策略下的品牌戰力

筆者認爲：台灣市場是全世界最奇特的消費市場；無論在品牌或價格方面，都趨於兩極化。在台灣，深愛名牌的顧客或消費者比比皆是，尤其演藝圈更是人人愛用名牌，國際著名品牌的任何商品都是他們的最愛。

正因爲市場特性是如此的奇特，因此，品牌行銷（Brand Marketing）在台灣市場行銷絕對具有很大的市場規模與市場行銷業績。

另外一方面，價格因素在台灣市場是最敏感又痛苦的行銷重點。這是市場的客戶，競爭者與經銷商的傑作；往往由客戶的殺價，競爭者的降價、經銷商的拼價而造成市場所謂的價格戰（Price War）。因此，在台灣市場的價格係趨於兩極化，不是價格很高，就是價格很低（各行各業與各種商品），而中間的價位則市場規模與市場需求太小。例如：消費者買一件襯衫，不是在新光三越百貨購買一件四仟五佰元的襯衫（買到上等品牌、品質、服務、包裝、買爽），就是在地攤買三件一仟元的襯衫（買到價格低廉），中間的價位是一仟五百元（什麼都沒有買到，又要花一仟五百元，客戶是較不願意購買的，因此中間價格的市場行銷業績遭受影響，這是因爲市場規模與市場需求非常小（Small Market Scale & Demand）。

由於台灣市場特性都是劣幣驅逐良幣的市場競爭態勢，這項關鍵核心因素造成了通路戰、價格戰、媒體戰、廣告戰與定位戰。筆者的一位學生，在有名的Fila休閒服裝公司上班，據該學生反應是：如果該公司休閒服由德國總代理進口在台灣市場行銷，則該批貨一定虧本；如果在台灣市場以仿冒或以真品平行輸入（又稱水貨）的模式進到台灣市場行銷，則該筆生意一定大賺。由此可知，台灣市場正如筆者所述是全世界最奇特的市場；這就好比在台灣開車技術高超一流，在全世界各國開車簡直就是駕馭自如的情況一樣。

企業行銷商戰必須整合「戰略行銷」（Strategic Marketing）、「滲透促銷」（Penetrating Promotion）與「實戰推銷」（Real Combat Selling）作整體企劃，方能提高企業行銷戰力而克敵致勝。因此，台灣市場的品牌行銷必須以「品牌創意」（Brand Creation）、「品牌定位」（Brand Positioning）以及品牌賣點（Brand Selling Point）作整體市場攻略與創造行銷業績。

茲以化妝品市場而言，由台灣高度成長的經貿條件，對外貿易依存度高達97％，因此，台灣市場行銷定位都著重於進口舶來品與代理商品（尤其是化妝品、服飾、汽車、珠寶及手飾等）；而消費者的購買力與消費習性以及對日常生活的要求，都是以品味、品質、品牌、服務等爲消費訴求，因而促使行銷廠商企劃出商品的行銷賣點，以滿足消費者的市場需要與商品需求。茲將商品定位與品牌定位的關連圖敘述如下：

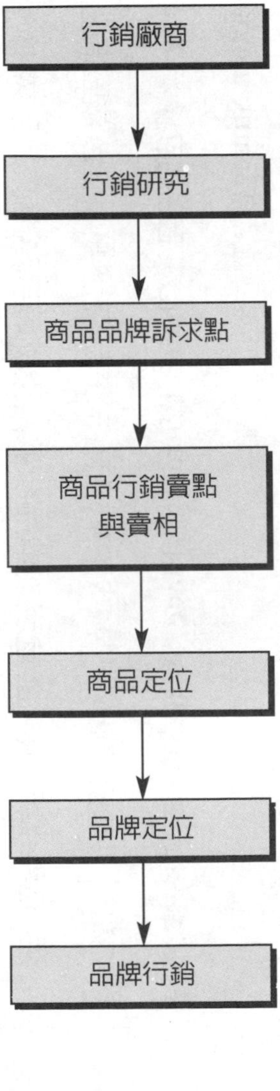

由上圖可知，台灣市場客戶的消費習性已趨於強調精緻化、品味化、個性化以及品牌印象化（Brand Image），而在市場上最敏感的考慮條件——「價格」，在生活型的消費者心中已不是很重要而成爲次要的行銷因素。

台灣觀光旅行團一到歐洲瑞士，導遊必定會帶團到瑞士羅瑞士（RoleX）

手錶總店「血拼」（Shopping）一番。殊不知台灣團消費一定以高價格取向，區區20多萬台幣的Rolex手錶看不在眼裡，一定要選購50萬以上台幣的金錶。可見台灣人的銷費習性是「凱子」式的大手筆、大買賣、大冤頭。

由以上眞實個案可知，台灣市場對品牌（國際名牌）商品的消費情有獨鍾，這樣的市場造成品牌行銷策略必定採取高價格、高品質、高品味、高格調與國際名牌等等的產品策略（Product Strategy）、訂價策略（Pricing Strategy）、通路策略（Channel Strategy/Place Strategy）以及推廣策略（Promotion Strategy）。

茲再進一步將台灣市場的品牌行銷策略詳細敘述如下：

一、產品（商品）策略

必須以國際著名品牌定位與品牌印象切入台灣市場的目標市，以滿足目標客戶群（客層）的特殊需求與消費期望。

二、訂價策略

採取「吸脂訂價策略」（Skimming Price Strategy）以及「加成訂價策略」（Markup Price Strategy）雙管齊下，在價位上不是高價位就是低成本價格；如果要採取低價格策略，必須運用「滲透訂價策略」（Penetrating Price Strategy）。

三、通路策略

必須採取批發商兼零售的雙重路，例如萬客隆、遠東愛買、燦坤、誠品書店、百貨公司、連鎖商店等等之行銷通路。

四、推廣策略

必須採用廣告、促銷以及業務展示等多元化行銷戰力，來推廣市場與行銷業績。除此之外，尚可運用公關、Event（活動行銷）、網路行銷（Internet Marketing）、電子商務行銷（e-Commerce Marketing）、企業電子化行銷（e-Business Marketing）中的Business-to-Business/B-2-B（企業對企業）以及Business-to-Customer/B-2-C（企業對顧客）之行銷策略，方能創造更多的行銷業績與市場佔有率。

綜觀以上所述，台灣市場的品牌行銷策略乃一多元化整合下之成果，從產品策略、訂價策略、通路策略到推廣策略等缺一不可。如果能運用自如地推動行銷策略徹底執行，則進可攻、退可守；另一方面，台灣市場的品牌行銷必定能成功地展現出傑出的行銷業績與市場佔有率，因而達成行銷的終極目標。

議題 8
最慘烈的價格戰場

在台灣市場行銷任何商品或行業，必定會面臨著無情客戶的殺價活動。殺價（Price-Cutting）這件事可以說是台灣市場行銷活動的主要重頭戲。

在商場競爭中，往往講求優勢競爭。所謂善戰者求之於「勢」，企業經營與市場競爭均著重於「優勢」。因此，企業在台灣市場的訂價策略，必須強化「優勢訂價」（Advantaged Pricing）與「訂價優勢」（Pricing Advantages），方能立於不敗之地。所謂「生意」，就是要能夠「生」存下去，才有意思呀！做生意要能生存下去，必須在價格上具備市場爭霸戰與行銷業績的競爭本領與經營戰略的決勝法寶。

因此，優勢訂價的戰略、戰術與理念即成爲成功企業必備的訂價策略。茲將台灣市場的訂價策略中之優勢訂價與擬訂架構列諸如下：

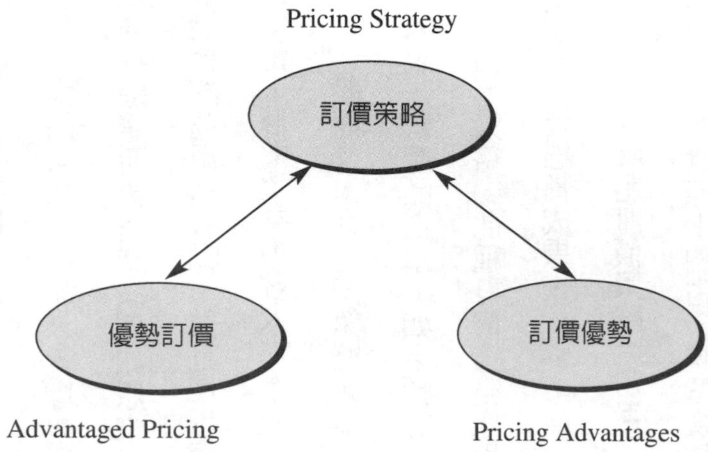

- 以商品定位為主軸
- 以市場定立為主要訴求
- 以行銷賣點為絕對優勢

台灣市場價格戰場的訂價

- 以市場佔有率為 攻略目標
- 以滲透目標市場為主軸
- 以打擊競爭者為訂價戰略

由以上架構圖可知，台灣市場的訂價策略，在降價戰術的實戰中應該只有在商品淘汰、商品失去優勢而產生劣勢或存貨積壓很多時方能運用，甚而在進軍新市場時（例如原來爲台北市場，後來進軍台中或高雄市場）最適合的運用機會點；並且使用降價期間頂多以一個月爲限，之後就要立刻變化，否則效益不會太大。

一般而言，在行銷策略企劃中的價格策略，必須視行銷目的而定。舉例來說，新產品上市，如果預計立刻賺取豐厚的行銷利潤，則可採取「吸脂訂價」策略。此種訂價策略應用於台灣市場行銷往往能收取可觀的行銷業績與市場經營成果。

所謂「吸脂訂價策略」（Skimming Price Strategy）好比吃鮮奶油蛋糕，其中奶油層實際上約占了整個蛋糕的三分之一，而這個三分之一便是提高售價的價格加成（Price Markup）。因此，新產品在台灣市場行銷時，其訂價策略則爲：原價加上原價的三分之一。例如原價爲39元，那麼，該產品的上市吸脂訂價就是52元了。

另方面，在台灣市場行銷如果期望馬上擴大台灣市場佔有率（Market Share）與市場行銷量，則必須採取滲透訂價策略（Penetrating Price Strategy）。

所謂「滲透訂價策略」（Penetrating Price Strategy）即是以削價策略在短期內立即佔有市場，並且造成缺貨現象，則將勢必有效地快速占領市場。以台灣市場而言，低價市場約占三分之二，這也就是爲何台灣市場價格戰如此惡質的主要原因。蓋因爲在台灣市場行銷，所謂的「要會買，才對得起自己」的買主心理，因而造成買主（顧客）逢價必殺的惡質習性，再加上經銷商或業務的業績壓力，因而削價求售，最後仍逃不過掀起價格戰的惡質命運。

換句話說，台灣市場乃全世界最奇異的市場，行銷大台灣在價格領域必定會出現「拼價」、「殺價」、「討價還價」、「出價就賣」的價格戰場。

由於人類天性的貪婪，造就凡夫殺價的心理與實戰經驗，再加上人類的自私天性，不願意讓廠商賺很多利潤，這種消費心理與性格在行銷學的專業知識領域稱為「消費者行為分析」與「顧客購買動機」；而此種行銷學與行銷管理的專業技能運用在台灣市場可說是「打中市場的需求面」。例如台灣每逢颱風，必定造成土石流與淹大水，而促使許多泡水車引爆「砍價出售」的價格戰場。由於市場價格戰必須維持行銷業績與行銷利潤的確保，因此，行銷台灣市場必須在通路戰、定位戰、廣告戰與促銷戰做整合性的行銷戰力的統合（Integrated Marketing Forces）。

另方面，行銷大台灣必須特別注意千萬別犯了「行銷遠視病」。根據筆者在二〇〇一年十月十六日於桃園大溪鴻禧山莊所舉行的「二十一世紀國際企業、全球行銷高峰論譚會議」（21 Century International Business & Global Marketing High-ranking Forum）中特別提出「行銷遠視病」（Marketing Setup）之行銷突破理念與策略，以避免傳統行銷人員又再度掉入只著重市場行銷業績與市場佔有率掛帥，而忽略產品命週期中，各期特殊的行銷策略之行銷陷阱中，而無法自拔。茲將行銷遠視病之眞正涵義與精髓群細敘述如下：

所謂「行銷遠視病」（Marketing Setup）係行銷人員常執著市場行銷業績（Marketing Turnover）與市場佔有率（Market Share）之擴張，而忽略並遺忘了產品或行業生命週期之行銷策略，因而造成產品再定位或行業再定位的模糊形象，導致後市不被看好的市場衰退與市場萎縮等不良現象。

由以上觀之，行銷大台灣很容易犯了「行銷遠視病」。因爲行銷戰略與市場活動絕不可以只注重產品與市場業績，必須多元化與全方位地著重市場變動與市場競爭等之變化層面、產品在生命週期各階段之行銷策略與全方位市場作戰之統合戰略（Integrated Strategies），方能成功地推展整體行銷活動。

由全方位行銷戰略的體系觀之，今日的台灣市場行銷已到了必須整合策略、企劃、定位、市場作戰、市場競爭、行銷研究、廣告戰、通路戰、業務高手（Top Sales）、促銷戰，以及Event行銷（事件行銷或活動行銷）之整合行銷戰。因此，在這狹隘與劇烈競爭的台灣市場中，企業行銷如何找出一條行銷生路與市場生存空間，已成爲行銷大台灣贏家與輸家的決戰議題。依筆者個人見解，此項突破的關鍵核心即在於經營者或高階經營團隊的經營理念、公司的企業文化與行銷戰略的整合，唯有如此再定位方能終竟其功。換句話說，亦即必須依賴整合定位戰、策略戰、企劃戰以及通路戰的多元化行銷戰略才能決勝台灣市場，贏得行銷大台灣的最後勝利。茲將台灣市場的行銷戰略再詳細敘述如下：

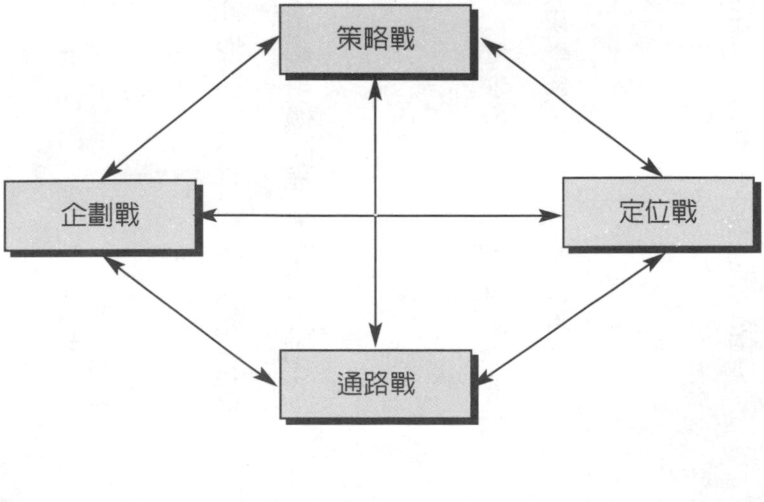

台灣市場的行銷戰略架構流程管理圖

一、策略戰（Strategic Leadership）

行銷大台灣是一種謀略型的整合市場行銷戰略。因此，策略的思維與實戰必須以台灣市場需求、市場競爭利基以及市場引爆的機會點爲主軸。

二、企劃戰（Strategic Planning）

行銷大台灣是一種策略規劃的衍生實戰。因此，由「企業策略規劃」的角度切入，企劃戰必定成爲行銷大台灣最具優勢與利基的作戰方針。

三、定位戰（Positioning）

行銷大台灣是產品定位、市場定位、再定位、企業定位的統合指標。

因此，定位戰必定成爲顧客滿意行銷（CS Marketing）成功的利基。

四、通路戰（Channels & Logistics）

行銷大台灣是一種綜合型通路大戰。因此，行銷通路與物流管理（Marketing Channels and Logistics Management）必定成爲台灣市場行銷決勝的成功關鍵。

綜觀以上所述，台灣市場的訂價策略必須以「卡位戰略」（Rollout Strategy）先行占領台灣市場利基與優勢（Taiwan Markdet Niche and Advantages），然後掌握市場競爭態勢與市場切入機會點，亦即一方面，以採取「吸脂訂價」進軍高價格、高品質市場，另方面以採取「滲透訂價」進軍低價格、高品質市場，另方面以採取「滲透訂價」進軍低價格、低品質市場，雙管齊下，方能在台灣行銷市場開創行銷業績，也才能成功地行銷大台灣。

議題 9
引爆市場通路戰

一般而言，行銷通路（Marketing Channel）乃貨物商品的流通管道與路徑。由製造商→批發商→零售商→消費者（客戶）這條行銷通路鋪貨。因此，欲達到「推廣市場」（Promoting Market）的特殊效果，行銷通路的企劃就必須具備積極的思想與推銷戰力。換句話說，台灣市場的通路策略必須以下列兩種動力爲主軸：

一、「推」銷的動力

以銷售業務手法推廣行銷通路；從經銷商的建立、輔導、教育訓練到聯合物流管理，暢通整體市場上的特殊通路。

二、「拉」銷的動力

欲達成「拉」銷的效果，必須藉著媒體大量作廣告與促銷活動。據市場研究報告指出：台灣市場的消費者（客戶）以看到廣告而去消費的比例高達73％，例如電視廣告（台灣市場的有限電視與衛星電視/所謂的第四台）廣告效果非常吸引台灣市場的消費者或顧客去通路中採購與消費。另外，收音機、廣播、報章雜誌、車廂外廣告、車廂內廣告，以及戶外電腦看板廣告都能達到「拉」顧客去購買，或引誘顧客自動來買的促銷方式；而其促銷影響力（促銷力）即是相當有效的拉銷戰力。

市場行銷絕不是單行道，顧客購買的動機及購物心態均是極端矛盾的表徵。由於人們生活品質的提高，購買力增強，客戶選購商品當然首重產品品質、產品功能、包裝、耐久性、色彩、樣式、交貨期，以及售後服務等需求層次的提升。此種提升消費需求的特徵將改變台灣市場的行銷特性，以及台灣市場的通路型態。因此，在台灣市場行銷必須特別注重行銷通路的鋪貨情況，因為台灣市場具備很複雜的行銷通路。茲將台灣市場的特殊行銷通路以圖詳細敘述如下：

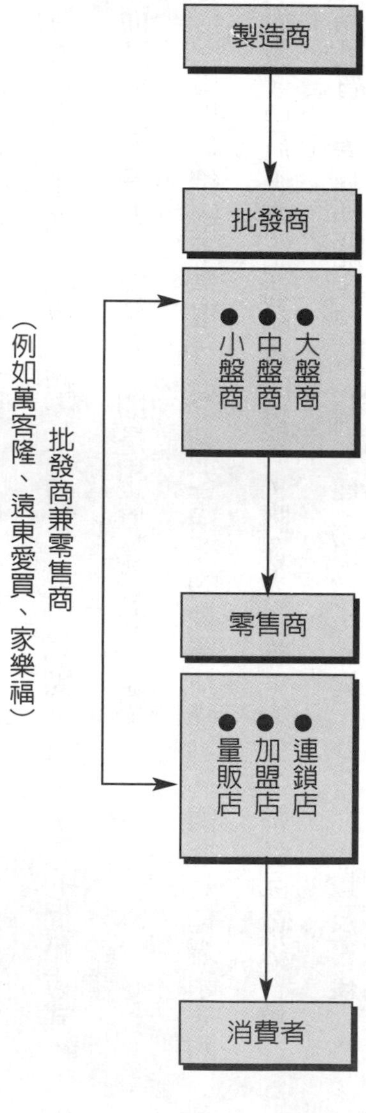

綜觀以上所述，台灣市場的行銷通路本質上已經非常特別，再加上在價格戰場上，所有的經銷體系或通路聯盟都會將行銷通路搞得非常複雜與混亂（例如越區銷售與鋪貨、砍掉通路層級，以及通路中的價格戰與促銷

戰等等）。

因此，如欲解決台灣市場的通路問題必須注入物流管理的理念、技術、策略與實戰運作計劃，徹底執行與推動物流管理在台灣市場行銷通路的資源共享與通路整合（Channel Integration）。在經營理念方面，通路整合必須強化行銷資源集中與共享、通路領導、經營物流事業並建立優質的差異化服務品質。另一方面，通路整合必須修正其經營策略與行銷策略，轉型爲以「顧客價值」（Customer Value）爲策略主軸，同時並以「整合戰略」（Integrated Strategies）重新定位企業未來的經營方向與願景。

所謂「物流管理」（Logistics Management）意指貨物商品的流通並透過行銷通路整合後的組織，有計劃有策略地運用其所擁有的倉儲（Warehousing）、保險（Insurance）、運輸（Transportation）、配送

（Distribution）、資源共享（Resources Sharing）以及經營管理戰力（Managing Forces），使其能在有限的行銷資源（Marketing Resources/指人力、財力、物力、時間、策略）條件下，有效地處理物料、原料、配件、零組件之採購、儲存、運送、包裝、加工組合、存貨、退貨、材料資源規劃（Material Resources Planning/MRP）等之控制，期能適時、適量地將所需物資安全迅速地送達至需求定點，以利創造商品與市場附加價值，滿足顧客特殊需求，達成創造高額行銷利潤的終極目標。

綜觀以上所述，物流管理（又稱運籌管理）（Logistics Management）在實戰運作中，其主要的核心系統包涵下列幾種：

- 倉儲（Warehousing）
- 保險（Insurance）

- 運輸（Transportation）
- 採購（Purchasing）
- 存貨（Inventory）
- 配送（Distribution）
- 包裝（Packing）
- 配銷通路（Distribution Channels）
- 訂單處理（Order-handling）
- 市場區隔（Market Segmentation）
- 材料資源規劃（Materials Resources Planning/MRP）
- 企業資源規劃（Enterprise Resources Planning/FRP）

爲了使上述各種核心系統更明確表現，茲將物流管理在台灣市場實戰運作的架構系統以圖詳敘述如下：

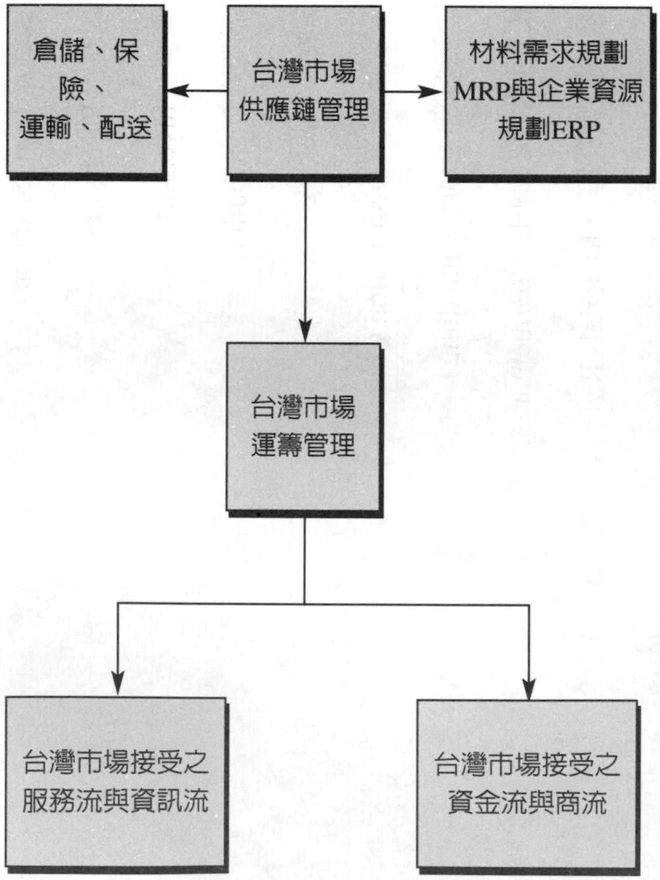

無可諱言的，台灣市場能投入行銷發展的幾種產業不外乎高科技電子資訊產業、網路電子商務產業、資訊科技（Information Technology）、生化科技產業、金融財經產業、金融服務業以及物流通路業。因此，物流管理策略就成為台灣市場行銷通路必備的主要課與實戰運籌議題，以開創物流戰略與實體分配的功能。

行銷大台灣在市場攻堅方面的作戰重點即為台灣市場行銷通路之開發與突破。從開發目標市場的角度而言，行銷通路的功能即可降低台灣市場的行銷成本並減少交易次數。因此，中間商即成為行銷通路之主角；而台灣市場的中間商不外乎為批發商（又分大盤商、中盤商、小盤商）與零售商。由於批發商與零售商在與消費者及供應商互動方面，自然而然會形成所謂的台灣市場獨特的行銷通路聯盟，以因應台灣市場激變與滿足消費者的各種特殊需求。唯有如此，才能贏得台灣市場行銷通路戰。

換句話說，在調和產銷供需之市場行銷功能中，生產廠商、中間商甚至消費者均能擔任降低行銷成本的功能，以提高行銷鋪貨與物流之效能。因此，台灣的供應商如欲獲得最佳的行銷利潤，除了應降低生產成本外，還必須選擇最有力的行銷通路，使企業經營發揮又精又贏的最大功能，降低商品配銷成本，並將商品以最有效之通路供應消費者成最終末端的使用者（End-Users）。

更進一步而言，如果台灣市場的行銷通路卡住而不暢通，則其最佳的策略就是將台灣市場活化，亦即採用市場活化策略以貫通台灣市場的物流與通路。另方面，台灣市場的零售商必須強化下列各種行銷利基：

- 零售商必須著重店面之動線規劃、POP與CIS之特殊定位

●零售商必須強化「商店行銷」與連鎖店經營之市場佔有之功能

●零售商必須具有立地戰略的商圈定位與商品企劃力

●零售商必須舉辦促銷活動與Event，以利推廣市場

●零售商必須注重行銷研究與市場競爭態勢，方能在台灣市場的行銷通路戰中立於不敗之地

際此二十一世紀的知識管理新時代，在台灣市場所發生的流通革命即以製造商介入零售業為具震撼力。目前台灣市場的加盟連鎖店（Franchise Chain）則以統一超商（7—ELEVEN）為佼佼者；而B＆Q特力屋更是引爆台灣市場流通產業的新革命，將批發百貨重新再定位為「批發物流中心」（Wholesaling Logistics Center）就是整合批發體系與零售體系的統合戰力。

議題 10
如何成為商店行銷高手
（Shop Marketing Acer）

一般而言，商店行銷（Shop Marketing）係行銷通路在零售系統的實戰演出。由於台灣市場的特性係通路與物流業的天下，因此，台灣市場的商店行銷必須講求連鎖經營與物流管理（Logistics Management）的經營策略。所謂連鎖即是「連得多，鎖得緊」。記得許多年前，筆者指導某家茶藝館的行銷策略，該公司老闆就反應說：「當初就是連得多，鎖不緊」才造成十二家連鎖店到最後只剩三家而已。這其中的問題點就是缺乏商店行銷的有效實戰策略。

由加入世界貿易組織（World Trade Organization/WTO）的角度而言，台灣市場必須完全開放與完全市場競爭，因此，除了高科技半導體、筆記型電腦、OEM、ODM、電子商務、貿易業、行動電計網路業、資訊科技，以及金融服務業之外，台灣市場最能發揮行銷戰力與行銷成果的產業就是商店行銷與物流通路業。

更進一步而言，消費者愈來愈喜愛在連鎖商店購買商品與消費，這更造成商店行銷的蓬勃發展。在台灣市場行銷，必須運用「連鎖店」、「加盟店」、「直營店」、「連鎖加盟店」這些名稱，乃至英文的所謂「R.C.」、「V.C.」、「F.C.」等商店經營與行銷的專用稱呼。這些名詞看似相同，卻又不盡然。茲將台灣市場的商店行銷策略與連鎖經營型態再詳細敘述如下：

一、**連鎖店**（Chain Store）

連鎖店（Chain Store）係英文的「R.C.」、「V.C.」、「F.C.」中之幾個C，其實即是連鎖店Chain Store的第一個字母C之縮寫。因此，連鎖店不但涵蓋了直營連鎖（Regular Chain）、加盟連鎖（Franchise Chain），甚至許多中小規模的企業，成立了幾家分店後，也都喜歡對外宣稱其爲連鎖店經營型態，以表示「時髦」、「夠看」，或表示其經營的手法與行銷策略是創新的路線。然而，嚴格說來，這些商店都不能算是連鎖店，因爲連鎖店最少也必須有十家以上相同的商店，例如統一超商、曼都美髮造型連鎖店、金石堂書店等。另方面，由於台灣市場目前有許多商店爲直接引進國外著名的連鎖加盟體系，儘管其店家總數尙不及十家，稱之爲連鎖店卻不爲過。

此種連鎖店的行銷策略可分爲下列兩種：

●促銷活動（Sales Promotion/SP）：此種商店行銷策略，著重開創商店本身的商店形象（Shop Image）、商品企劃（Merchandising and Planning）以店頭廣告（Point of Purdhase/POP）等，因此，促銷活動與Event（活動廣告）爲決勝台灣市場的行銷策略所必須應用的行銷戰術。

- 商店動線規劃與執行：此種商店亦以店內動線規劃與執行爲主軸，客戶上門即採用動線購物與結帳等活動，因此，商店動線的寬暢與舒適必須徹底執行妥當，才能吸引客戶上門採購與消費，提升商店來客率與商店行銷業績。

二、直營店（Regular Chain/RC）

一般而言，狹義的連鎖店其實就是指直營店，也就是由總公司直接經營的連鎖店。此種型態的連鎖店在美國都是屬於連鎖加盟店（Franchise Chain/FC）的一環，但是此種直營連鎖店的優勢即是經營權完全控制在總公司手中，由總公司擬訂整體行銷策略與推動執行；其缺點就是由於完全由總公司出資與擬訂策略，總公司派人專責經營，在市場的拓展方面進度會訂策略，總公司派人專責經營，在市場的拓展方面進度會較慢。例如國內的麥當勞，雖然目前都是直營的經營型態，但是整個國際麥當勞經營體系卻是以加盟連鎖店爲主軸（註：台灣市場麥當勞後來有開放加盟經營的制度與措施）。

此種直營店的行銷策略可以爲下列兩種：

- 商店的整體CIS與企業形象的行銷廣告：由於直營店都是由總公司統籌管理，高階經營管理（Top Management）的CEO必須制定行銷策略與管理制度，因此，其行銷策略必須以品牌行銷（Brand Marketing）與事件行銷（Event Marketing）爲訴求主軸。
- 正因爲直營店的客戶都是直接消費與直接被直營店的作風所吸引與

影響。因此，服務行銷（Service Marketing）與顧客滿意行銷（Customer Satisfaction Marketing/CS Marketing）即成爲此種直營店的最佳行銷策略。

最近幾年的電子商務行銷帶動了顧客關係管理（Customer Relationship Management/CRM）的蓬勃發展就是台灣市場商店行銷最具成效的實戰證明。

三、自願加盟店（Voluntary Chain/VC）

顧名思義，自願加盟店即爲自願加入連鎖體系的商店。此種商店由於是原已存在，而非加盟店的開店事宜就由連鎖總公司輔導創立，因此在經營型態的名稱上自應有別於加盟店，其主要的市場利基即爲所加入之店多數散在各地的零售店或少數批發商，爲了求其零售店的經營現代化，一方面保有商店的獨立特性，同時又能享有永續經營（Going Concern）的連鎖體系之市場優勢與利基。因此，在大部分在其能自己作主的情況之下，加入連鎖體系而成爲其體系內的一家自願加盟店。

此種自願加盟店的行銷策略可分爲下列兩種：

- 自願加盟店必須將商品定位與區隔，並突顯出商品優勢、利基與再定位。此種行銷策略不但可以在市場競爭優勢上取得市場佔有率，而且可吸收客戶上門的來客率、集客率以及品牌忠誠度極高客戶的認同與擁護。
- 必須塑造自己連鎖店的企業形象、企業文化與管理制度，尤其高階管理（Top Management）。

● 必須在商圈中強化服務客戶的作法並以公關與商店內動線吸引客戶做一次購足（One-Stop Shopping）的消費，唯有如此方能提高業績。

四、連鎖加盟店（Franchise Chain/FC）

以全世界加盟連鎖店的行銷活動而言，美國乃連鎖加盟店之發源地，直到現在都還是連鎖店加盟店的大國，例如麥當勞、漢堡王、肯德基等速食連鎖加盟型態。連鎖加盟店可分爲以下兩大類：

● 商品及商標連鎖體系（Merchandise and Barnd Franchising）：例如以汽車經銷商、加油站、飲料經銷商以及化妝品連鎖店爲代表。

● 營利公式連鎖體系（Business Format Franchising）：此乃一般所謂的連鎖加盟店，或簡稱爲加盟店。

此外，日本連鎖加盟（Franchise）協會將連鎖加盟店定義如下：

連鎖加盟係連鎖總公司（Franchisor）與加盟店（Franchisee）互相之間的一種合作契約行爲。總公司將自己的商標企業形象、商品名稱等足以代表自己公司營業象徵的標誌，提供加盟店使用，同時提供經營秘訣（knowhow）、管理制度、行銷策略、統一的整體設計、統一的CIS（企業識別體系）與商品，供加盟店使用與行銷；而加盟店在獲得上述的權利之同時，相對地必須付出一定的代價（權利金）給總公司，並在總公司的指導與援助之下經營事業的一種永續共生共榮的夥伴關係。

另方面，加盟店除了享有總公司所賦予的權利之外，還有繳納權利金、加盟金等金錢以外的義務。換句話說，亦即要遵守總公司種種管理規的義務；例如不能陳列或行銷競爭廠家的商品。例如台灣市場的寶島眼鏡及鐘錶之連鎖加盟體系屬於「企業內部創業」，非寶島出身的員工絕對成爲其連鎖系的加盟店。此外，任何一位由寶島訓練出來的員工，除了本身吸收經營秘訣（Managing Knowhow）比外人迅速之外，多年來在其企業文化薰陶之下，此種權利與義務的行使都將中規中矩，自然而然形成一個經營共同體。因此，加盟連鎖行銷體系必須企劃廣告策略與行銷策略以提升台灣市場的行銷業績。此種運作模式即是台灣市場商店行銷的成功典範。

議題 11

卡位商戰決勝市場

無可諱言地，在這激變與顛覆的台灣市場作戰中，市場卡位（Market Rollout）的確是決勝台灣市場的作戰法寶。正因爲行銷的本質就是市場爭霸戰與市場競爭。因此，市場競爭態勢的定位利基與市場卡位即成爲行銷大台灣決勝的「贏家策略」。茲將台灣市場卡位理念與策略詳細分述如下：

嚴格地說，「市場卡位」（Market Rollout）的涵義與精髓即在同一目標市場上的競爭，首先要尋找出適合自己商品或行業的市場利基（Market Niche）與市場優勢（Market Advantages），以絕對優勢的市場切入機會點掌控並佔據目標競爭市場；一方面可擴展公司商品或行業的市場區隔（Market Segmentation）；另一方面可卡死市場競爭者進入目標市場的位置，並切斷競爭者進入目標市場的機會與利基。

綜觀以上所述，台灣市場的卡位理念與策略即爲主要在行銷戰場中決勝的市場利基（Market Niche）。所謂市場利基，主要由下列各種市場競爭態勢整合而成：

一、台灣市場切入的有利基點

此亦即進入台灣市場的有利機會點，必須思考如何進入台灣市場中的優勢市場區隔以及由哪一市場切入較具強勢與利益？

二、台灣市場切入的商品機會或行業優勢

此亦即在切入台灣市場的目標市場之前，商品定位或行業定位最有利可圖的市場機會（Profitable Market Opportunity）。

三、台灣市場利基能卡位競爭者的市場定位

此亦即如何掌控台灣市場中的目標市場，使競爭者無法進入同一目標市場。下圖即爲台灣市場卡位策略作戰圖：

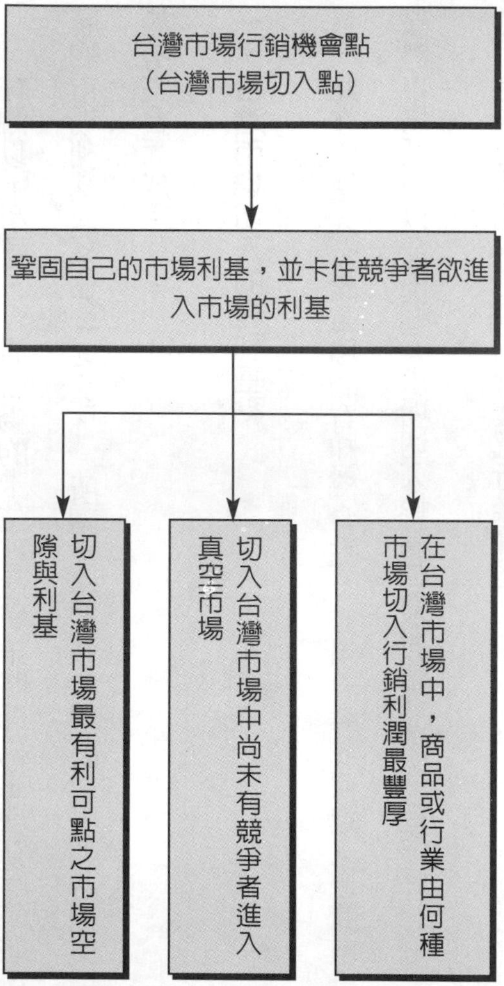

由上圖觀之，台灣市場卡位作戰涵蓋了下列各種重要的核心理念與戰術：

一、創造台灣市場競爭力優勢（Create Taiwan Market Competitive Advantages）

此種市場競爭力優勢必須立足於市場強勢攻防戰；進可攻，退可守，商品定位大部份都是以否定市場競爭態勢之型態出現於目標市場。

二、台灣市場戰力（Taiwan Market Forces）

此項因素往往會因價格戰而削弱市場作戰能力，此蓋因爲台灣市場的價格戰（Price War）極端地泛濫與惡質所致。因此，非價格競爭（Non-price Competition）即是台灣市場戰力應掌握的決勝關鍵。例如：品質、包裝、服務、贈品、折扣、抽獎、功能、外觀、顏色等商品或行業的再定位。

三、台灣市場潛力（Taiwan Martet Potential）

此項因素涵蓋了市場佔有率（Market Share）的提高與佔有、市場開發力的強化與市場成長率的確保等重大市場競爭要素。

四、台灣市場佔有率的掌控

此項因素即爲企業自己公司的商品或行業之供應量與行銷量之綜合數與總體目標市場之供應與行銷量之綜合數的百分比例。茲以公列述如下：

例如得出之答案爲0.20，即爲20％之市場佔有率，如果計算出之答案爲0.05，此即爲5％之市場佔有率。市場佔有率即爲行銷大台灣成功與失敗的最明顯指標。

五、台灣市場規模（Taiwan Market Scale）

此項因素即在整年度中台灣市場之特定商品或行業之製造生產量＋進口量＝出口量之計算結果，如果在台灣市活動中，並無任何進口與出口數量，則進口量與出口量等於零，亦即是行銷大台灣必須提出的市場有多大之實戰議題。

綜觀以上所述，整合以上五項台灣市場卡位作戰的決勝戰術，茲以架構與流程管理圖敘述如下：

$$\text{台灣市場佔有率} = \frac{\text{企業公司商品或行業之行銷量}}{\text{總體（整個）目標市場之行銷量}}$$

台灣市場卡位戰略架構表		
競爭態勢	強者戰略	弱者戰略
台灣市場行銷卡位戰略	．擴大行銷領域 ．擴大經銷網，封死競爭者行銷通路 ．全面市場作戰 ．誘導作戰，使競爭者落入通路價格與廣告的陷阱中	．集中行銷戰力於主要區隔市場 ．對客戶採各個擊破之行銷戰術 ．跟蹤競爭者之銷售人員並調查市場情報

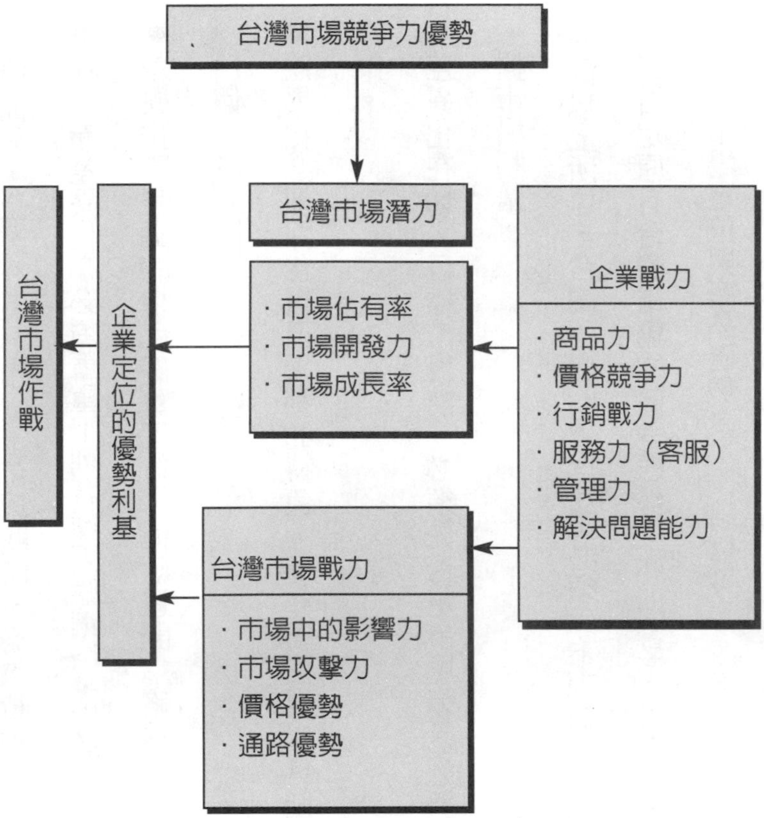
台灣市場競爭力優勢
台灣市場潛力
・市場佔有率
・市場開發力
・市場成長率
企業戰力
・商品力
・價格競爭力
・行銷戰力
・服務力（客服）
・管理力
・解決問題能力
台灣市場戰力
・市場中的影響力
・市場攻擊力
・價格優勢
・通路優勢
企業定位的優勢利基
台灣市場作戰

一般而言，企業在擬訂市場卡位策略時，必須特別注意市場差異化的競爭優勢；而差異化亦必須著重下列各種因應策略，方能確保行銷成功：

- 差異化所強調的特色確實可行，但應避開忽略整個市場接受度與客戶偏好度的陷阱。
- 差異化必須強化自己獨到的特色，但亦須提出任具創意的見解與文案。
- 差異化在切入目標市場前，必須先否定市場競爭態勢，才能完全掌握市場利基。

綜觀以上所述，台灣市場的卡位作戰必須以下列兩種心法交替運用：

- 先否定原有台灣市場的競爭態勢，亦即否定市場領導者或市場挑戰者的市場定位與商品優勢。

●找出商品生存空隙，立即加入市場，並以差異化策略突顯出自己獨到的特殊形象與訴求，以利塑造行銷賣點。

差異化策略應用於台灣市場可採用下列的實戰架構企劃表：

差異化策略	台灣市場作戰策略
定位差異化	產品定位與市場定位均以差異區隔
價格差異化	訂價策略以差異價格區隔以避開價格戰
產品差異化	產品開發與企劃均以差異特性區隔
通路差異化	出卡位優勢之行銷通路

根據市場行銷研究有關市場佔有率策略而言，如果兩家大品牌加起來之市場佔有率超過70％，則其他競爭小品牌或雜牌一定要訴求市場利基策略與卡位作戰。其主要之作戰方針為先否定市場原有之競爭態勢並卡住競爭者的市場優勢，然後作市場再定位，重新洗牌。因此，決戰台灣市場的成功卡位策略，即是翻新並帶動市場另一波的利基與賣點，這樣不但可攻擊競爭者的劣勢，而且可引爆台灣市場行銷商戰的行銷業績並贏得市場市場爭霸的勝戰。

http://www.全民拼經濟.com

議題 1	議題 2	議題 3	議題 4	議題 5
議題 6	議題 7	議題 8	議題 9	議題 10
議題 11	議題 12	議題 13	議題 14	議題 15
議題 16	議題 17	議題 18	議題 19	議題 20

議題 12
廣告摘星風雲錄

以專業廣告實戰的角度而言，台灣市場的需求主軸係以廣告訴求與廣告表現爲市場利基。此蓋因爲台灣市場的顧客或目標消費群都很吃這一套；總是認爲該企業或該產品有做廣告就覺得值得信賴，就覺得很爽、很過癮。換句話說，這種市場特性與需求就是符合行銷策略必須讓目標客層「買爽」的最佳效果。

根據台灣市場研究情報顯示：台灣市場消費者以看到產品廣告或企業形象廣告而去購買的客戶占了73％，此項市場情報更印證了廣告在台灣市場的優勢與利基。

一般而言，在整體行銷策略的一般架構企劃完成之後，接著就是爲各個行銷功能部門（Marketing Functional Division）擬訂市場攻擊之作戰策略與廣告實戰策略。另方面，「廣告戰」已成爲今日與未來台灣市場決勝行銷業績的有效利器。儘管不少人對廣告的效用抒不同的意見，然而，際此企業網路廣告與電子商務的e化時代，很少人會否定廣告在市場行銷領域中心的重要性與有效性。

二十一世紀的企業行銷實戰係結合廣告戰、媒體戰、定位戰、通路戰等各種策略，其中又以廣戰占有70％至75％之比重，儼然已成爲台灣市場行銷實戰的領導主軸。

更進一步而言，廣告策略企劃案乃廣告策略、創意、媒體、行銷研究、定位策略、廣告表現等之綜合成果（Integrated Performance）。因此，廣告目標即爲設定廣告認知率、產品行銷量與市場佔有率之評估指標。

另方面，台灣市場行銷的廣告表現策略之實戰步驟可分爲下列幾種核心要素：

- 目標消費群（Target Audience）
- 定位策略（Positioning Strategies）
- 文案網要（Copywrite Plaform）
- 表現調性（Tone and Execution）

由以上觀之，目標消費群就是「廣告訴求對象」（Who to Sell）；定位策略就是「廣告訴求定位」（How to Sell）；文案網要就是「廣告訴內容」（What to Sell）；表現調性就是「廣告訴求方式」（Way to Sell）。

行銷大台灣的廣告表現策略即在確定商品定位（Product Positioning）與市場定位（Market Positioning），同時並找出商品在廣告上的問題點與市場行銷的機會點，進而尋找廣告訴求的市場空間，唯有如此，方能爲商品或行業打開台灣市場。

另方面，台灣市場的廣告策略必須以震撼性的廣告表現爲訴求主軸。例如最近的一支CF就提到「和信」以否定競爭對手的廣告表現加以攻擊「中華電信」與「台灣大哥大」的廣告定位，效果極佳。

「廣告也瘋狂」這句話常用來形容廣告創意與廣告人的自由。其實這句話本在描述做廣告的人都必須有一份瘋狂的拼勁。因爲如果缺少像精神病的不按牌理出牌，怎麼能夠創造出廣告Big Idea。這就誠如瘋子才會製造出殺人的致命的武器一樣的道理。

更進一步而言，廣告的魅力就在非正常的思維與創作，激發腦力的動能絕對不是按照正規的思考模式，往往要逆向思考創造與策略。所謂「企劃」，其眞正的涵義即是企業策略規劃（Business Strategic Planning）。因此，策略的發生必定是非常思維與腦力激盪（Brain-Storming）才能有創造力，因爲廣告全然是整套創造力的演出。

如果由廣告表現的角度而言，廣告人的確必須是瘋子才能適應此種高度挑戰的生涯。筆者曾有一位學生進入廣告界六個月之後，曾說過：「廣告眞的不是人做的。」可見廣告人的激情、煎熬、挑戰都是比常人高一等的能耐與毅力。

因此，廣告這行業的確是需要非常專業的人才方能勝任愉快。他們至少要深切了解行銷學、人類行爲學、心理學、美學、經濟學、政治學、文學不勝枚舉。

在廣告人的舞台表現中，的確讓許多人（尤其是年輕學子）著迷與羨慕。這正是應了美國總統羅斯福說過的一句話：「不做總統，就做廣告人。」

另外一方面，在廣告人的專業工作中最重要的關鍵技即是廣告策略與廣告企劃。因爲一切的廣告策略必須將企劃出可執行的專案計劃（Project plan）。這就誠如所有的行銷策略（Marketing Strategies）必須付諸在廣告上而決勝負的道理是一樣的。

茲將廣告策略（Advertising Strategies）與廣告企劃（Advertising Planning）的連動性以圖再詳細敘述如下：

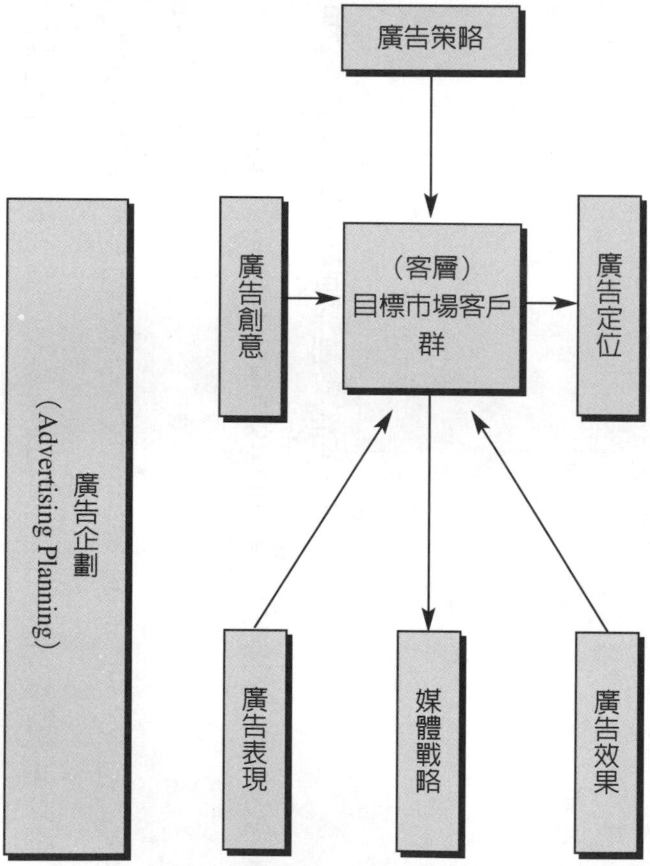
廣告策略
廣告企劃
(Advertising Planning)
廣告創意
(客層)
目標市場客戶群
廣告定位
廣告表現
媒體戰略
廣告效果

由上述廣告企劃圖可知：廣告企劃涵蓋著下列各項：

一、前言

敘述市場競爭態勢（Market Competitive Situation）。包括市場規模（Market Scale）、市場佔有率（Market Share）、SWOT戰略分析、卡位策略（Rollout Strategies）以及市場利基（Market Niche）等。前言大約三百至五百字左右。

二、目標市場

敘述目標市場區隔之下的客戶群或稱客層。

三、商品定位

敘述商品之廣告訴求點與行銷賣點。

四、市場定位

敘述商品在市場競爭的定位、優勢、利基與卡位策略，以便做廣告創意與表現策略的思維與腦力激盪，因而能發展出偉大的創意（Big Idea）。

五、品牌定位策略

敘述商品賣相與行銷賣點的整合以塑造品牌定位。

六、廣告創意

● 表現策略：敘述廣告表現調性與商品訴求調性

●廣告活動企劃（Advertising Campaign Planning）：涵蓋下列各種核心主軸

●市場分析（Market Analysis）

●產品分析（Product Analysis）

●競爭對手分析（Competitor Analysis）

●SWOT戰略分析

●創意策略與媒體策略（Creative & Media Strategy）

●廣告活動評估計劃（Campaign Evaluation Plan）

全世界著名的廣告泰斗——大衛．歐格威曾說過：「當今之世的廣告表現容易流於自我炫燿與愛現，眞的搞不清楚廣告的意義是如何？而爲得獎而創作的廣告作品，卻對銷售力不具任何益處。」這就好比筆者常說的一句話：「商品賣不出去，做什麼廣告」有異曲同工之妙。

如何創意廣告表現以行銷台灣市場？一般而言，廣告表現是廣告企劃最棘手的問題。廣告表現的工作內容，與廣告預算的擬訂、廣告媒體的選擇以及廣告效果的測定等工作比較起來，在創意與特質方面都有極不同的差異化。因此，廣告表現即成爲較難系統化、數據化、人文化的演出。

換句話說，廣告表現係以商品概念（Merchandise Concept）與企業形象概念（Business Image Con cept）爲基礎而發展出來的偉大創意（Big Idea）。更進一步而言，廣告表現（Advertising Expression）是以概念（Concept）與執行（Execution）兩者整合起來的實戰用法。因此，廣告表現最主要的核心主軸即是廣告表現調性（Advertising Expression Tone）之實戰演出。

另外一方面，廣告計劃的擬訂，是從廣告目標（Advertising Target）的設定開頭，依照個別媒體的評價與複數媒體的評價統合進行的整套廣告計劃（Full Set Advertising Plan）。茲將廣告計劃的內涵詳細敘述如下：

一、媒體計劃（Media Plan）

嚴格來說，媒體計劃是由廣告目標設定以後，以選擇不同的媒體購買之實戰經驗與廣告預算以及廣告宣傳活動（Advertising Campaign）互相搭配而做成的整套媒體戰略（Media Strategies），依據整套媒體戰略徹底執行媒體計劃中的媒體選擇與媒體購買之細節事項。而廣告媒體的評價以下列基準值為基礎：

- 到達率（Reach）

- 平均閱聽次數（Frequency）
- 每千人閱聽成本率

二、廣告表現計劃

廣告表現計劃必須規劃出廣告表現的形式及手法（Cost Thousand）以利支撐主題。其中廣告表現手法有下列幾種：

- 故事型
- 解決難題型
- 時間型
- 印證型
- 名人推薦型

- 發言人型
- 懸疑型
- 示範型

三、廣告預算計劃

敘述廣告預算（全年度廣告預算/Annueal Advertising Budget）並分配到全年度（由一月至十二月），規劃出廣告媒體名稱與特性，然後再將廣告預算在每個月份與媒體中規劃那些月份必須運用何種媒體，這樣就能分配廣告預算。

四、廣告創意計劃

廣告創意即是「創」作新「意」念（Create New Idea）。因此，必須擬訂廣告創意工作計劃（Advertising Creative Word Plan）其主要內容包括商品定位、廣告目標、廣告問題點、廣告策略等。

五、廣告效果評估計劃

敘述廣告效果的評估成果與執行計劃、包括行銷業績、市場佔有率、目標客層、目標讀者數與目標觀眾、聽眾以及廣告傳播概念等等。在執行實戰方面，廣告效果評估必須明確。此外，成功的廣告企劃實戰均取決於廣告目標。因此，廣告目標的內涵必須包括下列幾種：

- 目標市場（Target Market）
- 廣告宣傳活動的期間（Campaign Schedule）
- 欲達成的溝通目標（Communication Target）

●目標顧客層（目標客戶群；目標客層）（Target Vcustomer Group/TCG）

●行銷業績（Marketing Turnover）

由以上所述觀之，廣告目標的內涵可分爲下列幾種：

●目標市場的區隔客層

●廣告宣傳活動的期間

●欲達成的溝通目標

●廣告必須爲目標客層提供獨特的買點

●獨特買點必須是競爭對手所沒有或未能提供的獨特優勢與利基

●獨特買點必須強而有力，使得目標消費群都積極購買

●獨一無二的廣告戰略目標，策劃戰略應從把握現狀開始，透過廣告

問題點與廣告機會點的研討，擬訂市場作戰與廣告戰略課題

爲了更進一步敘述廣告目標的精髓，茲將廣告企劃目標之設定細節再詳細敘述如下：首先，必須將市場需求與廣告目的加以確定，同時必須在市場競爭態勢中分析SWOT戰略。因此，廣告企劃目標之設定必須符合台灣市場的需求。一般而言，廣告企劃目標分爲以下四種主要核心要素：

一、**市場目標**（Market Objective）

包括目標市場客層與讀者群/觀衆、行銷業績、市場佔有率、市場競爭態勢發展行銷通路、商品定位與市場定位等市場行銷策略目標。

二、**傳播目標**（Communication Objective）

傳播目標的企劃卻是「獨特的銷售主張」（Unique Seling Proposition），

亦即稱為USP。其涵義就是廣告必須為客戶層提供獨特建議而將產品再定位。

三、廣告活動目標（Campaign Objective）

廣告活動目標必須以傳播廣告訊息與商品概念為主軸，其中包括商品傳播計畫、促銷傳播計劃以及公關傳播計畫等。

四、創意目標（Creative Objective）

企業創意策略目的在協助創意表現以利正確傳達廣告目的與訊息，而創意概念（例如表現調性Tone & Manner Key Word廣告文案的主軸以及CF腳本創意等都是廣告目標的主要支柱。

綜觀以上所述，台灣市場的特性就是廣告必須具有震憾性、主題性、爭議性與趣味性方能使得台灣市場接受。換句話說，廣告做得好，自然布商品或行業的行銷業績必定成長。

第三部 國際化的應變力

議題 13
電子行銷拼經濟

際此二十一世紀企業e化的新時代，全球企業與全球行銷都已邁入電子化行銷（e-Marketing）的新領域。當然，台灣市場也不例外地引爆空前勁爆的電子商務行銷大戰。以往台灣市場行銷法則與策略已被資訊科技的e-Marketing所顛覆。另方面，電子化行銷也引爆企業e化的潮流。

正由於台灣市場已被所謂e化洪流所侵蝕與淹沒，e知識管理的滲透正顛覆了傳統行銷思維與運作模式。例如e-Learning、e-Management、e-Commerce、e-Business、e-Shopping、e-Channel、e-Logistics、e-Transformation、e-Trading等等，不勝枚舉。更進一步而言，凡是「e」的行銷策略與實戰正如火如荼地在台灣市場上演。因此，行銷大台灣的網路行銷與電子商務即成爲核心競爭主軸。另方面，台灣市場的e化商戰必須思維下列幾項核心關鍵因素：

- 將原本以產品爲中心的企業文化，轉型爲以顧客滿意爲導向的行銷文化。
- 將原本以大衆行銷爲訴求轉型爲一對一行銷實戰。
- 將行銷組織再定位，打造企業e化的行銷組織。
- 必須運用資訊科技以利改變市場規模。
- 重新整合市場競爭態勢以利行銷業績。
- 行銷策略的擬訂必須以顧客的需求與觀點，由市場的反應到內部行銷組織的運作重新企劃企業行銷的核心流程管理。
- 必須建構入口網站，以利顧客得以一站購足（One-Stop Shopping），達到e-Shopping的目標。

- 線上交易（Online Transaction）必須執行徹底以利e-Marketing的落實。
- 必須建構供應鏈管理（Supply Chain Management SCM）與客戶關係管理（Customer Relation Management/CRM）。
- 必須透過企業流程管理的再造與企業文化的變革，使得顧客可以更容易與更便利地永久消費。

綜觀以上所述，網路行銷從二〇〇一年開始正式進入全球電子商務（Global e-Commerce）的商戰元年；而電子化行銷（e-Markting）是台灣市場生死存亡的命脈。因此，寬頻網路（Broadband Internet）與ADSL(Asymmetric Digital Subscribe Line)（雙向非對稱性電子用戶線）必定成爲二十一世紀台灣市場與國際市場行銷商戰的雙主流。進一步而言，

ADSL在台灣係寬頻網路中最熱門、最hot的一項網路商品，當ADSL正式上市後，所有的ISP(Internet Service Provider)無不加緊腳步往前衝，以趕上台灣市場的卡位利基。筆者認爲：全球網路行銷從二〇〇一年起可經營至少五百年的市場行銷活動，這是全世界的e化趨勢。

更進一步而言，電子行銷（e-Marketing）在台灣市場正引爆網路行銷與電子商務的再定位與整合電子交易市場的利基與競爭優勢。這種市場再定位的本質即來自網路行銷（Internet Marketing）與虛擬市場（Virtual Market）的主流商戰，進而促成了上萬筆交易在虛擬市場上流通與穿梭。因此，電子交易市場（e-Marketplace）即成爲電子行銷商戰（e-Marketing）的決勝戰場。茲將電子交易市集的精髓與涵義再詳細敘述如下：

- 網路資訊市集（Internet Information Marketplace）

- 資訊連結（Information Linking）
- 人脈連結（Manpower Linking）
- 資訊流通與整合（Information Communication and Integration）
- 整合而即時的資訊連結（Integrated and Online Information Linking）

從以上涵義得知：資訊市集係一群人的通訊活動，而且計息溝通在市集中是流通與整合的運作。進一步而言，群體而即時的資訊流通連結（Group and Online Information Linking），對於企業資訊運作有直接助益，尤其是在Business-to-Business/B2B（企業對企業）方面的電子商務實戰運作領域更是無往不利。因此，企業與企業之間的資訊互動，除了一對一之外，許多情況均是處理一對多與多對多的互動關係，特別是諸如供應鏈管理（Supply Chain Management/SCM）與企業資源規劃（Enterprises Resources

Planning.ERP）等如此複雜的作業流程。

換句話說，供應鏈管理、各客戶關係管理（Customer Relationship Management/CRM）、材料資源規劃（Materials Resources Planning/MRP）以及採購管理（Purchasing/Procurement Management）這些一連串的環環相扣，已不再只是單純的資料整合（Data Integration），而是進展至流程管理整合（Process Management Integration），其難度、專業度與複雜度都提高甚多，甚至對企業的價值評估（Business Value Evaluation）的實戰面標準與層次也高出許多。

從企業流程管理與企業再造的角度切入，電子交易市集處理的專業領域無外乎是企業體的物料管理、資材規劃策略、企業資源規劃、材料資源規劃、採購管理、外包管理、行銷流程、供應鏈管理以及客戶關係管理等作業流程結合，方能配合生產排程與製程管制而發揮電子商務的最大效益。換句話說，企業在評估加入電子交易市集時，不能只能將電子行銷（e-Marketing）視爲獨立的構面，而應該將之整合在企業整體電子商務的運作策略體系中從事實戰電子化企業（e-Business）的流程管理與企業改造。

因此，台灣市場的電子行銷商戰就必須將電子商務（e-Commerce）、電子化企業（e-Business）以及電子化行銷（e-Marketig）整合爲資訊科技（Information Technology）與網路科技（Internet Technology）的金三角。例如二十一世紀（二〇〇一年）經濟部工業局推出的「台灣產業電子交易市場（Taiwan Industrial Marketplace）網站（hhtp://www.timglobe.com）就是台灣市場電子化行銷的最佳實戰成果。」

綜觀以上所述，行銷大台灣在資訊科技、網路行銷以及電子商務各項領域中必須強化企業對企業（Business-to-Business.B2B）以及企業對顧客（Business-to-Consumer/B2C）的供應鏈管理，方能將電子化行銷（e-Marketing）的實戰經驗與傳承落實的在台灣市場，這是一股擋不住的洪流與勢不可擋的行銷商機。

以電子商務的行銷策略的觀點而言，企業體必然會面臨著許多既複雜又具風險的挑戰，尤其在定位、經營、科技、市場、品牌與服務等諸項策略方面，都必須審慎的思維與評估，因爲電子商務的應用開啓了台灣市場資訊行銷（Information Marketing in Taiwan）的時代，網際網路的互動溝通模式與運作完全打破以往市場商品供應鏈中每一個環節與角色的定位。在網路行銷正如火如荼地在台灣市場上演之際，行銷高手能很迅速地與客戶交流與溝通，並能完全掌握台灣市場的動態與客戶需求的資訊。

例如「中網集團」（網路http://www.chinatimes.com Group）在電子商務的領域中將所有網路整合在http://www.chinatimes.com之旗下，共享e-Marketing資源。中網旗下的網站涵蓋了：中時電子報、中網理財、中網生活、中網娛樂、中網購物、中網就業、中網科技等數十個獨立網站，確實執行電子商務與e-Marketing的「One Brand, One Site」（一種商品品牌定位，即建立一個獨立專業的網站）的經營理念，此種行銷商戰策略可整合行銷資源與市場利基，這是中國時報系統事業群轉型爲電子商務與電子化行銷（e-Marketing）的成功案例。眞正做到企業e化的境界。

從「中國時報系全球資訊網」、「中時電子報」到「中網集團」的蛻變，中時網路無論是對台灣的網站經營與網路廣告行銷之發展上，都份演了極重要的角色與定位，尤其以網路廣告的發展而言，在經營理念上，中網集團不斷地引進國外最新的經營理念與運作型態，在實戰操作上也邀請台灣的網站、廣告主、廣告商、客戶一起來關心台灣網路廣告的發展與希望，這種行銷策略確實掌握到市場的脈動與經營的方針，無怪乎該企業集團能在台灣市場蓬勃發展，這是行銷大台灣極爲成功的典範。

因此，電子化行銷最主要的核心競爭力（Core Competitiveness）即在B2B電子市集。而B2B電子市集最大的生機即是「電子中樞系統」（e-Hub），因爲B2B電子交易市集整合匯聚了大量買主與賣主，藉由電子化行銷體系的通訊交易流程，降低買賣雙方的交易成本，並且擴大了買主購買商品與服務的選擇空間。同時也促使賣主得以開創新市場與開發新客戶。

進一步而言，電子交易市集的角色定位與功能管理可分爲下列各種：

一、買主（Buyer）

電子交易市場促使買主能跨越原有供應鏈管理的限制，增加供應商的選擇性與互動性，並且能夠縮短中間商的層級達到物流管理的功效。買主可透過與賣主的商談與競價的過程，降低成本（Cost Down），而且更能夠透過電子交易市場平台與下游賣主成爲更密切結合的商務夥伴。因此，台灣市場許多大型企業或跨國企業都紛紛建構自己的電子交易市集平台，以刺激電子商務的買氣，達到電子化行銷在台灣市場蓬勃發展的終極目標。

二、賣主（Seller）

電子交易市集將增加賣主與買主之間互動的新行銷通路，不但能揚棄效率不彰的交易流程，提升買賣雙方交易效率，更能強化買賣雙方彼此的合作關係與行銷成果。

三、電子交易市集經營者（Market Maker）

此種行銷策略著重於網路人口網站的建構與資訊通路的整合。電子交易市場經營者主要的功能在提供買主與賣主雙方能從事電子化行銷的實際交易場所，以促成買主與賣主雙方的行銷與消費活動，提高買賣雙方合作之商務效率，更進而協助買主降低消費或採購成本，眞正做到降低成本的目標。

四、電子交易內容提供者（Content Provider)）

在電子商務人口網站中所提供的交易內容均是以企業e化爲理念與電子化行銷爲策略的前導。此種網路電子商務行銷與服務的整合者亦稱爲產業、商品與產品目錄管理者（industry Commodities and Product Catalogs Manager）。全世界最名的Yahoo（雅虎）、Amazon（亞馬遜）是早期的開發者；後來居上的有阿里巴巴、Aspect以及專業定位於國際貿易、國際市場開發領域的Global Sources（全球經貿資訊網）。茲以Global Sources爲實例，筆者在二〇〇一年三月上該網站（http://www.globalsources.com）找尋國際OEM Buyer的電子零件採購組合（Buying Mix），發現Global Sources的電子交易內容豐富，實在令人折服。Global Sources原來前身即是全世界赫赫有名的貿易媒體Asian Sources（亞洲商品資訊），此乃以出版發行（香港發行）專業國際貿易資訊的雜誌媒體，原本係協助亞洲地區賣主尋找歐美買主並提供歐美買主尋找亞洲供應廠商與OEM Manufacturer的專業國際貿易媒體（平面媒體以雜誌爲主力商品）。Asian Sources成立網站並轉型成爲電子線上交易市集，正式證明了在台灣市場行銷電子商務的成功策略，也就是必須轉型爲人口網路與電子交易市場，唯有如此，方能將電子化行銷（e-Marketing）的機制全部發揮出來。另方面，Asian Sources轉型爲Global Sources也證明了電子化行銷必須再定位成爲第一手的電子交易市集，不但能提供完整的電子化行銷交易解決方案（e-Marketing Solution），同時並可成爲第三方電子市集（除了賣主與買主之外的電子行銷高手）。

五、附加價值服務提供者（Value-added Service Provider）

由企業e化的終極目標而言，在電子化管理（e-Management）與電子化行銷的領域中，必須提供能在市場作戰的電子交易市集與人口網路；而人口網站與電子交易市集必須強化行銷市場的有利機制，那就是提供附加價值服務（Provide Value-added Service）。

六、電子市集交易促成者（Market Enabler）

電子市集交易促成者本身是不參與交易市集的生意買賣，但其所提供的交易工具則爲促成企業整合的軟體與硬體以及相關服務以建構電子交易市集。在台灣市場以電子商務平台爲基礎，產業的首席電子商務亦提供電子商務採購的解決方案（e-Procurement Solution）協助企業建構電子市集。

本章的寫作宗旨主要在針對台灣市場的電子商務與電子化行銷（e-Marketing）的實戰運作，並提供一些新觀念與新思維模式以利擬訂電子商務的行銷戰略。換句話說，電子化行銷（e-Marketing）的精神與內涵即是行銷研究（Marketing Research）、產品企劃（Product Planning）、產品開發

（Product Development）、產品銷售（Product Sales）、行銷策略（Marketing Strategies）以及售後服務（After-sales Service）等綜合性的行銷戰力，以滿足企業行銷的特殊需求與市場接受度。

另方面，人口網站是電子化行銷（e-Marketing）成功的要件，尤其是e-Mail（電子郵件），在與客戶關係管理（Customer Relationship Management/CRM）的行銷模式中更是行銷大台灣在電子行銷實戰領域中所不可或缺的核心要素，這也是電子行銷成功的市場利基。

議題 1 議題 2 議題 3 議題 4 議題 5
議題 6 議題 7 議題 8 議題 9 議題 10
議題 11 議題 12 議題 13 議題 14 議題 15
議題 16 議題 17 議題 18 議題 19 議題 20

議題 14
如何賺取國際商戰的財富

環顧全球經貿體系與實戰運作，自二〇〇一年（二十一世紀）以後的國際經濟實已邁入「市場國際化」（Market Internationalization）與「情報全球化」（Information Globalization）所主導的企業e化新紀元；而台灣市場在全球行銷的體系中實在是扮演著舉足輕重的特殊角色與定位，因爲我國經貿發展與國際行銷在國際經濟秩序與國際市場之導向下，亦已明顯跨進國際企業與全球行銷的e化資訊科技（Information Technology）時代。

正因爲如此，我國進軍國際市場與國際經貿經營戰略也由傳統式的靜態、被動轉型爲動態、主動的國際商戰策略，並朝向「國際企業」（International Business）與「跨國控股企業」（Multinational Holding Business）的目標邁進。

「立足台灣，放眼國際，擁抱全球」這的確是台灣企業國際化的訴求主軸。如果以台灣市場爲基點而切入全球市場的角度而言，國際企業管理（International Business Management/IBM）與全球行銷商戰（Global Marketing Combat/GMC）無疑地是行銷大台灣，引爆企業全球化的主要戰略。

正因爲國際行銷（International Marketing）對台灣而言是生死存亡的核心關鍵，台灣對外貿易依存度位居全世界之冠，因此，台灣市場衍生出來的週邊行銷大環境必然成爲行銷大台灣的延伸市場與穿梭市場。

因此，台灣企業的國際商戰策略首重培訓國際行銷專業人才。而一流的國際行銷專業人才必須具備下列各種條件與技能：

- 外語能力（尤其英語、日語）必須極高強，不但能溝通與表達獨到的見解，而且能在國際商戰中唇槍舌劍與外商一決高下。
- 對國際市場之敏感要非常高，並具掌握市場之能力。
- 對國際貿易實務必須很深入了解，並具多年豐富之實戰經驗。
- 對國際財經、金融必須很內行。
- 對國際行銷商戰談判技巧必須熟悉，並具多年國際經貿、投資實戰經驗。
- 具國際觀與全球視野。
- 個性方面要具魄力與果決，挑戰任何壓力。

更進一步而言，市場必須專注於資訊科技（Information Techonology）與網路通訊（Internet and Communication）之強度，進而展現出對國際市場開發之實力與優勢。另方面，台灣必須再造成爲OEM與ODM國際行銷的供應生產基地，並進軍OBM國際市場，以開創戰略性全球行銷的行銷業績與成果。換句話說，台灣必須專注於產品與產業優勢以及將產業分工，唯有如此，才能再創國際化與全球化的經濟奇蹟。

一、國際行銷商戰作戰策略

產品（Product）在一般的觀念中意義較狹窄，指可以物理的特性描述的有形產品，例如外觀、體積、成分、形式、包裝、顏色、設計等等，由於一般人等都認爲只有有形產品（Visible Products）才能出口，因此，這種錯誤的觀念亦延伸至國際市場行銷層面。在從事行銷研究時，應了解許多產品是無形的（Invisible Products），例如服務、保險、海運、空運、倉儲、觀光旅遊等等。

另外一方面，產品本身如果再加上包裝（指內包裝與外包裝）、品牌、訂價，即成爲商品（Merchandises）。如在國際市場行銷即可稱爲「國際商品」（International Merchandises）。

在許多情況下，有形產品與無形產品必須結合起來，形成單一而完整的組合產品（Mixed Products）。

產品最佳的定義也可以說是效用或滿足的組合。例如保證（Guarantee/Warranty）只是產品的一部份，而且可以調整至適當的狀況（如較佳或較差的保證）。賓士汽車的購買者不只是購買汽車本身，而是購買一個商品組合（Merchandise Mix）與商品形象（Merchandise Image）。

因此，國際行銷人才必須考量產品的全貌及完整的形象與感覺。因爲顧客在消費產品時，都是由感覺「爽」與「值得購買」之心理因素帶動的購買慾望。所以，完整的產品應被視爲國際行銷組合（International Marketing Mix）所衍生的消費者滿足感與價值感，而非單純地只從產品特性衍生出來而已。

二、台灣進軍國際市場之產品開發戰略

大體而言，國際市場新產品開發的過程大致可分爲以下四個階段：

● 國際產品構想的產生階段：國際產品發相的主要來源有國際行銷人才、公司職員、競爭者、行銷研究公司、國外買主（Foreign Buyers）與進口行銷的市場顧客群。例如：國際買主（International Buyers）常會提供產品設計藍圖（Design Artwork）請供應商設計開發模具

（Moulding & Design），並製造出該國市場所需的產品，而做OEM的國際市場生意（International OEM Business）茲舉一個實例證明：近四十年來，台灣一向都是國際市場OEM的供應市場（Supplying Market）。

- 國際產品構想的篩選與評估可行性階段：國際市場新產品構想的適當與否必須由潛在消費者（Potential Consumers）來評論，或是上國際廣告，利用深度訪談來測試潛在消費者與市場的反應。因此，在國際行銷的實戰運作上，公司通常需要先決定國際新產品所應達成的目標，其中包括國際市場行銷利潤（International Marketing Markups），國際巿場需求量（International Market Demand）以及國際市場佔有率（International Market Share）等等。

●國際市場分析國際商業習慣分析階段：從本階段開始必須分析國際產品的特色、成本、市場需求和行銷利潤。例如全錄（Xerox）公司有所謂的產品組合小組（Product Mix Team）專門負責測試和去除不適合的構想，許多互相競爭的設計小組生產出產品的原型，獲選的原型必須與先前的目標相符，才能進入「產品開發」（Product Development）階段小組。此階段必須再由國際市場的產品生命週期（Product Life Cycle/PLC）切必加以考慮，方能擬訂國際市場競爭策略與行銷策略。

●國際市場產品開發階段：在此階段中，製造商首先製造少量的試銷性產品，進行實驗研究與技術的測試，而產品的生產可能是採用手製的或是現有的機器，而不採用任何新的機器設備或另外開發新的模具進行生產。因此，許多美國企業均偏向採用公司外部的行銷研究公司，從事消費者研究與市場調查，通常市場調查的資訊，往往與實際市場需求相差甚大。反而，日本企業會派專人親自進行家庭訪問，確實做精確的產品測試與市場調查，確認產品的問題，理想的狀態是希望工程師或產品設計師能直接接觸到顧客與經銷商的市場消費資訊，才能在研發方面更上層樓。

三、台灣進軍國際市場之接單訂價戰略

在國際市場行銷策略中，產品上市前的種種措施，除了行銷人　員必須將產品做品牌命名，提升附加價值、包裝與定位之外，尚必須將產品訂定價格。這就是產品變成商品之全方位與多元化的重要過程。亦即是如下

整體關係：

商品（Merchandise）

＝產品（Product）+定位(Positioning)

＋品牌（Brand）+包裝(Packing)

＋附加價值（Additional Value）＋訂價（Price）

由上述觀之，任何產品或行業都必須訂價。因此，訂價（Price）乃國際行銷人員必須思考與執行的主要國際市場行銷量、市場佔有率與市場競爭態勢的整體成果。

國際行銷人員在擬訂價格策略之前，必須事先考慮以下諸項問題與要素：

- 訂價之目的
- 訂價之理由
- 訂價結果欲達到何種目標或行銷成果
- 考慮成本要素，其中包括進貨成本、經營成本、管銷費用、製造成本、行銷成本等
- 考慮目標市場之接受度
- 考慮競爭者之報價價位；
- 考慮企業在行銷方面之行銷利潤。

綜觀以上所述，當企業在行銷產品前，公司必須先決定要將其產品定位在何種品質與價格之中，下表即爲九種品質策略與價格策略之關係。

國際市場產品品質策略

	高	中	低
高	①優勢策略	④超價值策略	⑦游擊策略
中	②高價值策略	⑤中等價值策略	⑧欺瞞廉價策略
低	③超價值策略	⑥良好價值策略	⑨廉價策略

由表中觀之，位於對角線上的策略①、⑤與⑨，是可以同時存在同一目標市場上的策略。易言之，當某一公司可能提供高價格高品質的產品，而另一公司則可能推出一般水準之價格與品質的產品。而且另有其他公司也可能提供低品質、低價格的產品。其中之原因只是在目標市場上存在著對價格、品質或兩者同等重視的消費者群（Consumer Group），則各競爭品

牌為了求取和平共存，即可採取此三種定位策略。

其次，定位策略②、③與⑥則專向採對角線上策略的公司挑戰。例如，策略②的公司也許會宣稱：「本公司的產品與策略①公司的產品具有相同的品質，但價格卻來得低。」而定位策略③的公司亦可能有相同的宣傳，而且更強調其價格特低。如果品質敏感度與偏好度高的顧客相信這些競爭者的說詞，則他們將轉向這些競爭者購買產品，因此市場競爭態勢將隨之改變，除非定位策略①的公司能有辦法塑造高品質無以取代的產品形象與絕對優勢等兩個條件，否則市場佔有率將由定位策略的公司囊括第一把交椅。

最後，定位策略④、⑦與⑧的公司，其產品的價格皆高過產品的價值。因此，購買這些公司產品的顧客，可能有被「剝削」與「吃定」的感覺，並常會有所抱怨且傳播不利於公司的耳語與中傷言詞等等。因此，專業的一流行銷人員應避免犯下此種錯誤。

企業在擬訂其價格政策時，必須考慮許多因素。其中可分爲如下的六個步驟：

- 選定訂價相標
- 確定市場與顧客需求
- 估計成本
- 分析競爭者的價格與產品
- 選定訂價的方法
- 決定最後的價格

由上述觀之，公司首先必須謹慎地選擇目標市場與市場定位，並決定公司對某一特定產品所須達成目標，則訂價策略才能順利地依照公司既定的目標運作。此外，公司必須謹慎地建立其行銷目標，諸如維持生存，最大化當期利潤、最大化當期收入、最大化銷售成長、最大化市場吸脂（Market Skimming）或者是產品品質領導者的地位，方能在激變的市場爭霸戰中，獨樹一格。

茲將國際行銷之訂價目標詳細敘述如下：

- 長期最大利潤
- 短期最大利潤
- 成長目標
- 穩定市場
- 消除顧客對價格的敏感性
- 追隨價格領袖制（Price Leader）

- 卡住競爭者切入市場——市場卡位（Rollout Market）
- 加速面臨存亡邊緣的企業退出市場
- 避免政府的干涉與控制
- 維持中間商的忠誠並給予支持
- 使顧客認爲合理的價格
- 加強消費者對公司及商品的印象
- 創造顧客對商品的興趣及購買慾
- 促銷競爭力較弱的商品
- 避免競爭者降低價格
- 建立行銷通路
- 提高商品之認知率與知名度

- 降低連鎖商店之經營成本
- 提高商品之行銷量
- 否定市場競爭態勢

四、國際行銷之報價條件

在全球經貿實戰中，即以國際貿易原有之報價條件擴大爲國際行銷報價條件之實戰運作。例如：國際貿易的報價條件FOB通常在國際市場商戰中都報給國際目標市場之進口商；另方面，諸如C&F與CIF習慣在國際行銷商戰中報給國際目標市場之批發商、零售商、百貨公司、超級市場、連鎖加盟店（Franchising Store）以及採購組合（Buying Mix）（註：採購組合大都以零售系統之百貨公司、連鎖專賣店爲主流，組成一支龐大的國際行銷

採購團（Buying Groups）〕

綜觀以上所述，爲了進一步闡明國際行銷之實戰報價條件，茲再將所有的國際行銷報價條件詳細分述如下：

- FOB(Free On Board)：船上交貨價格，亦即在出口行銷之報價條件，出口商只負責將國際商品運送至出口地港口之船上，通過輪船欄桿（船舷），再安全放置於甲板（On Board）爲止，至此出口商之責任即解除，因此，此種報價條件即稱爲FOB(Free On Board)。

  另一方面，我國海關爲了方便課徵進口關稅起見，特別將FOB稱爲「離岸價格」。因此，在國際行銷之文件（尤其報關文件）中即常出現「離岸價格」之字眼。

- C&F(Cost & Freight)：此即FOB成本再加上海運運費（Sea Freight）

國際行銷報價條件FOB、C&F、CIF之差異性分析

	FOB （船上交貨價） Free Board	CFR（=C&F） （運費加成本價） Cost & Freight	CIF （成本、保險加運費價） Cost, Insurance and Freight
對出口者之貨物的危險負擔	這些條件都是出口地港中貨物裝船前或運到機場內的運送人（航空公司或代理店等）所具之貨物搬運的設備。		
運費	輸入者負擔	輸出者負擔	
保險費	（投保是出口者的責任）		輸出者負擔
表示方法	FOB輸出地港名	C&F輸入地港名	CIF輸入地港名
（從日本到美國的出口例子）	FOB Vessel Kobe FOB Tokyo Air Port	C&F vessel San Francisco C&F Los Angeles Airport	CIF Vessel San Francisco CIF Los Angeles Airport
（從美國到日本輸入時的例子）	FOB vessel San Francisco FOB Los Angeles Airport	C&F Vessel Kobe C&F Tokyo Air Port	CIF Vessel Kobe CIF Tokyo Air Port
提單(B/L)或空運提單(AWB)的運費欄的表示方	FREIGTH COLECT （運費到付）	FREICHT PREPAID (運費預付)	
提單或空運單及其他單據之提出義務	出口者有此義務		
保險單的提出義務	出口者無此義務	出口者有此義務	

資料來源：許長田教授編著，《國際貿易經營與操作實務》，P.79。

或空運運費（Air Freight）之總稱。由此海運運費係因輪船公司之是否爲同盟船（Conference）或非同盟船（Non-Conference）之船公司而有所不同；另方面，貨櫃運輸之包櫃費（Box Rate）以及整櫃（Container Yard/CY）與併櫃（Container Freight Station/CFS）之各別作業而使各家輪船公司所報出的海運運費亦有所差異。

其次，空運運費就一般而言大都比海運運費還高，因此，凡國際行銷商品所具備之尺寸較小、重量較輕、體積較窄的商品特性最適合以空運運輸並採行國際行銷之報價條件爲C&F。

- **CIF**（Cost, Insurance and Freight）：此即FOB成本，加上保險費再加上海運運費或空運運費之總稱。以C&F再加上保險費之總和亦可稱爲CIF。在國際行銷之報價條件中，CIF在出口行銷時，出口商必須負責運費、保險費、報關費、貨物打盤費、裝卸費、檢驗費，一直到貨物抵達目的地港口爲止，至此出口商方可卸下責任，而由進口商繼續接著擔負貨物安全的責任。

另方面，我國海關亦爲了方便課徵進口關稅起見，特別將CIF稱爲「起岸價格」。因此，在國際行銷之文件（尤其報關文件）中即常出現「起岸價格」之字眼。

茲將國際行銷報價條件FOB、C&F與CIF以企業表格再詳細比較其差異點如下：

許多公司在擬訂訂價策略時，其目的在追求單位銷售量最大。他們相信，較高的銷售量會導致較低的單位成本與較高之長期利潤。此類公司假定市場是屬於價格敏感的「價格市場」（Price Market），因而設定較低的價格以刺激市場消費並提高市場行銷量與市場佔有率。此種方式稱爲市場滲透訂價（Market-Penetration Pricing）。以下的各種狀況頗適於採取低價格策略：

- 市場具有高度價格敏感性，而且低價格會刺激更高的市場佔有率（Market Share）。
- 產品的生產成本與行銷成本會隨著所累積的生產經驗而下降，此即大量生產之成果。
- 低價格有助於遏阻現有主力競爭者（Main Competitor）與潛在競爭者（potential Competitor）的價格戰。

國際行銷訂價乃國際行銷策略中的一層重要環節，與廣告、促銷管理、人員實戰推銷、產品企劃、行銷研究、行銷通路、顧客服務、經銷網等功能的地位相等。

在一般企業中，訂價的地位與重要性實在不容忽視。負責訂價工作的行銷企劃人才，其地位亦與產品企劃與推銷業務員管理等，實在是居於相等的地位。

此外，在現代企業經營環境中，有些產品種類較多的企業，則採用產品經理制度之運作，亦即將行銷研究、廣告、促銷、顧客服務、包裝、品牌、行銷通路等功能設置專業部門負責，再設立另一產品群經理（Product Group Manager）負責全部品牌，其下之組織再設立品牌經理（Brand Manager）或產品經理（Product Manager），專門負責掌控有關該特定產品（或品牌）之市場計劃、競爭策略、廣告、促銷與訂價策略。

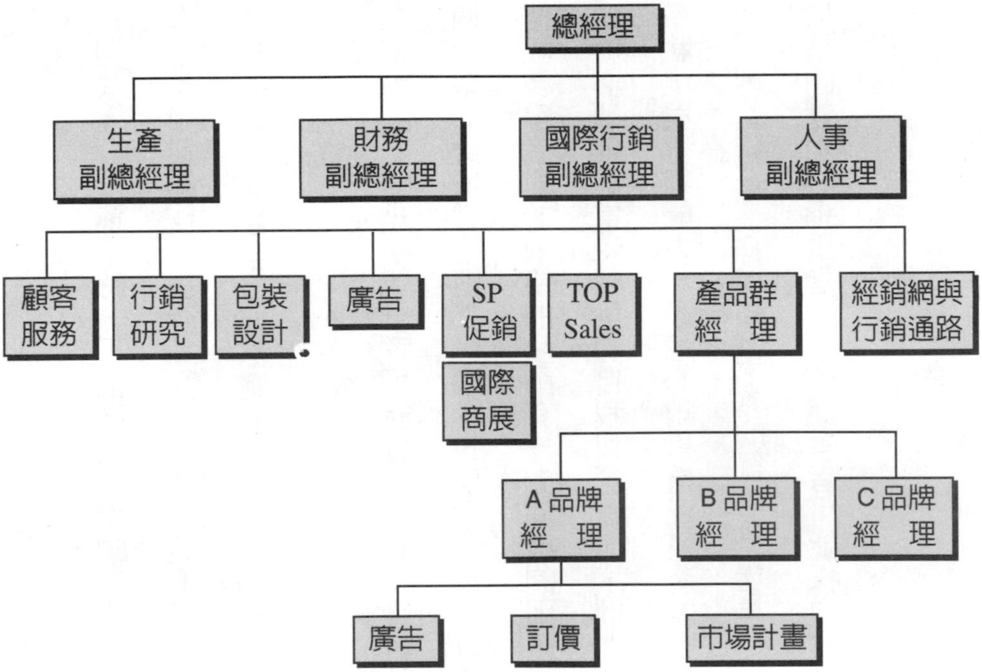
總經理
生產
副總經理
財務
副總經理
國際行銷
副總經理
人事
副總經理
顧客
服務
行銷
研究
包裝
設計
廣告
SP
促銷
國際
商展
TOP
Sales
產品群
經　理
經銷網與
行銷通路
A品牌
經　理
B品牌
經　理
C品牌
經　理
廣告
訂價
市場計畫

企業在企圖改變訂價策略時，不但必須考慮顧客的反應，同時亦應注意市場競爭者之反應與動作。在產品同質性高，競爭廠商不多，購買者的市場資訊（Market Information）非常靈通之情況下。競爭的反應與措施顯得格外重要。

然而，企業應該如何預期競爭者可能會採取的反應與動作？假如公司面對的是一個大型的競爭者，則其競爭者的反應可經由兩種利益觀點來估計：其一是假設競爭者對於價格的變動有一套完整的因應對策，而在此種情況下，公司就必須確認當時競爭的自我利益爲何，例如，必須研究競爭者當時的財務狀況與行銷能力、最近的銷售情況與產能狀況、顧客的忠誠度，以及公司的行銷目標。假如競爭者的行銷目標是在於提升市場佔有率，則其對價格的變動必會跟進；假如競爭者可能採取其他行銷策略，諸如增加廣告預算、改善產品品質、產品再定位（Product Repositioning）、通路再定位（Channel Repositioning）、強化促銷活動與公關活動等。由此可知，公司必須運用企業內部與外部的資料來源，加以判斷市場競爭的動向與意圖。

由於競爭者對於價格的變動常有不同的因應措施，而使得此一問題變得相當複雜。茲以價格戰之降價爲例：競爭者可能推測該公司企圖攻佔市場；或者公司經營不善而設法增加行銷銷量；或者公司想要帶動與領導整個產業，因此即降價以刺激市場總需求。

綜觀以上所述，當競爭者愈來愈多時，公司之行銷部門必須評估每一個競爭者可能會有的反應。如果所有競爭者的反應與動作相類似，則行銷人員只要分析一個具代表性的競爭者之國際行銷訂價策略加以攻擊即可掀起國際市場價格戰（International Market Price War）。

此外，亦有許多企業都偏好以高價格來「吸取」，或稱「榨取」（Skim）市場最大利潤，所謂「暴利」就是此種訂價最典型的成果。此種「羊毛出在羊身上」的訂價方式即稱爲市場吸脂訂價（Market-Skimming Pricing）。

市場吸脂訂價策略在下列各種狀況中最爲管用：

- 對當期需求較高的購買者人數足夠多。
- 少量生產的單位成本不至於高過提高價格所帶來之利益。
- 打從一開始就訂定高價格並不會招來競爭者的眼紅與競賽。
- 產品價格高能產生更高的品質形象（Quality Image）與企業形象(Business Image)。

由以上所述觀，之訂價略可依各種不同之目的與理由，實分爲各種能在市場上作戰的價格策略。茲將可在行銷戰中決勝的訂價策略依不同目的與理由詳細敘述如下：

- 滲透訂價（Penetrating Pricing）：滲透訂價之目的與理由乃爲了立即提高國際市場行銷量與國際市場佔有率，並進而控制國際市場之利基與定位優勢。
- 吸脂訂價（Skimming Pricing）：吸脂訂價之目的與理由完全是爲了立即賺取豐厚的國際行銷利潤，並以名牌或精品的產品形象切入國際市場。
- 加成訂價（Markup Pricing）：加成訂價之目的與理由完全著重於因應國際買主之殺價習慣（Price Cutting），以提高加成之價格以避免導致虧本。例如行銷中國大陸市場與中東市場均以此訂價策略爲之。

● 折衷訂價，又稱分離訂價（Breakdown Pricing）：折衷訂價之目的與理由乃爲了控制生產供應商之生產量（產能），以及出貨量與國際市場訂單之產銷配合、協調與合作。即以訂單中之多少數量與訂價策略相互衡量與整合。

因此，全球行銷的理論、戰術與戰略都是以提供國際顧客資訊與商品效益爲前提與市場利基。例如筆者於一九八〇年行銷「魔術方塊」（Wonderful Puzzler）至英國給英國當地之進口商，並主動調教該國際買主（International Buyer）如何運轉魔術方塊。結果，該進口商甚表滿意，一口氣下訂單進口五萬個魔術方塊，當時的國際場報價爲FOB美金2元5角6分（US$2.56）。

由此觀之，國際行銷的實戰運作應該由國際生意夥伴演變進展爲友誼式之好朋友關係（From Business Partner To Friends With Friendship）。換句話說，國際行銷的服務精神亦應爲自己的顧客找尋其下游之Buyer，同時，爲自己的供應商，尋找其上游的零件、電件、原料之供應商，使其能在國際市場行銷獲致成功的績效；果眞如此，則國際顧客的訂單勢必將如雪片般的飛來，而國際行銷活動方能稱得上是成功的國際行銷實戰運作與策略規劃。

五、國際行銷經理的商戰技能

國際行銷經理的看家本領即是擬訂國際行銷計劃（International Marketing Plan）。而擬訂國際行銷計劃亦是企業國際化（Globalization of

Business）非常重要的經營戰略與市場作戰策略，其可以協助企業探索經營方針，以及達成目標的最高指導決策。換句話說，國際行銷計劃亦為整體國際行銷戰略的作戰主軸。

基於以上所述之論點，為了充分掌握時間及發揮企業戰力，各公司實應擬訂國際行銷計劃，以利在國際市場的舞台上運籌帷幄，決勝千里。茲將擬訂國際行銷計畫的整體驟再詳細述如下：

- 思考下列國際行銷問題點：
- 本公司開發國際市場的行銷目標何在？
- 本公司想開發及行銷何種國際市場需要的產品？
- 本公司之潛在國際顧客在哪裡？（目標市場區隔的分布）顧客的財力及購買力如何？

●目前產品的國際行銷通路如何？（國際行銷通路之評估）

●目前產品是透過國際行銷公司、貿易商或國際市場經銷商行銷？

●目前產品之國際市場訂價採取何種策略？依據哪些因素訂定國際市場價格？

●國際市場競爭態勢分析如何？

●本公司目前的國際市場佔有率如何？

●本公司原先是否有擬定國際行銷計劃？其成功或失敗的因素如何？

●本公司爲國際行銷計劃所界定的成功標準是什麼？（國際市場行銷業績、國際商品認知率、品牌知名度以及國際市場佔有率之評估）

●國際市場研究：如果公司的國際行銷企劃人員對於步驟一的大多數問題未立即提出具體的答案及解決對策、方案，則必須先找到國際市場研究方面的答案，必要時不妨透過專業的國際市場研究機構或國際市場調查公司，協助找尋答案，無論研究結果如何，國際行銷經理應謹記在心的是：一切以公司的國際行銷目標爲主軸與依歸。

● 擬訂國際行銷計劃之實戰步驟：

● 確立國際行銷目標：

● 國際市場行銷金額與市場行銷量：針對某（或某些）國際目標市場之財力——該目標客層之收入所得，扣除多少的國際行銷成本後，至少應該有多少國際行銷利潤。

● 國際市場佔有率：即以多少國際行銷成本攫取多少百分比之國際市場佔有率？

- 寫明所要行銷的產品特性、效益、定位，以及產品滿足國際買主的何種需求。
- 說明國際顧客的地理區域分布之及敘述顧客的基本特徵與採購型態（國際市場區隔）。
- 說明產品的國際行銷通路與物流管理戰略，亦即敘述國際商品貨物流通（物流）的實體分配（Physical Distribution）。
- 說明目前的訂價過程及其依據，提出價格保持不變或建議有所變動（調整價格）的原因。
- 擬訂國際行銷通路（國際行銷通路大革命直銷與間銷大突破，批發商與零售連鎖店之通路革命）。
- 擬訂國際市場產品推廣的整體組合策略（International Promotion Mix

Strategy）。

- 國際廣告策略之創意。
- SP促銷活動與國際商展（International Convention）之規劃與實戰運作。
- 國際行銷人員實戰推銷實務與強化國際市場銷售戰化。
- 國際公關與遊說團體之聯盟。
- 國際媒體報導之規劃與實戰運作。
- 指出國際市場之競爭因素對本項國際行銷計劃之影響。
- 說明國際目標市場之同業競爭態勢，並擬訂打敗國際市場競爭對手的具體策略與方案。
- 設計整體全方位之國際行銷作戰系統與國際市場爭霸戰之行銷商戰

策略。

綜觀以上所述，爲了更具體說明國際行銷計劃書（International Marketing Plan Project）的實戰內容，茲再將全套國際行銷計劃書之實戰案內容詳細敘述如下：

- 國際市場競爭態勢分析（International Market Situation Analysis）：綜合報告與總體環境、競爭者、顧客、供應商、經銷商及其他問題相關的趨勢與要點，並指出主要之行銷問題點（Marketing Problems）及行銷機會點（Marketing Opportunities），同時，其因應策略必須詳細說明及評估。
- 國際行銷目標（International Marketing Objectives and Goals）擬訂未來年度的主要國際目標市場之行銷目標（例如一九九六年度行銷美

國市場之行銷目標），並將之轉換爲可以衡量及能夠達成之數量與金額。此行銷業績責任額係依國際行銷人員之表現及地區行銷潛力而訂成。

- 國際行銷策略（International Marketing Strategy）：擬訂某一特定時間內用來指導國際行銷戰力之目標、政策及原則。而國際行銷戰力包括下列三個層次。
- 國際行銷費用水準（International Marketing Expenditure Level）。
- 國際行銷組合（International Marketing Mix）。
- 國際行銷分配（International Marketing Allocation）。
- 國際行銷作戰方案（International Marketing Program）：擬訂國際市

場產品價格、通路、推廣等行銷組合之時間、空間及人員之作戰方案。

- 國際行銷預算（International Marketing Budget）：擬訂整個國際行銷計劃所需之經費支出及可能收入之估計數字，以便編訂國際行銷預算之依據資訊。

議題 15
全球華人的經貿勝戰

由國際經貿競爭大戰略的角度切入，台灣位居亞洲太平洋地區的核心點，這是從事國際經貿最有利與最佳的市場利基（Market Niche）。正因爲如此，台灣市場對外貿易發展與進軍全球經貿活動必定要依賴三角貿易（Triangular Trade）與四角貿易(Transit Trade)。

更進一步而言，台灣市場必須扮演著美西太平洋、中國大陸、日本、韓國與南洋（新加坡、馬來西亞、澳洲、紐西蘭等）各地區經貿市場的樞紐；而其中最主要的經貿策略即是穿梭貿易與國際行銷活動。四角貿易以及境外金融中心（Offshore Banking Unit/OBU）操作，才能成功地達到台灣接單、大陸出貨、台灣押匯的終極目標。

茲將台灣企業運用三角貿易與四角貿易的作業流程以利進軍中國大陸市場的實戰操作再詳細敘述如下：

三角貿易與四角貿易爲台灣透過香港轉口至中國大陸市場的主要貿易型態與行銷策略。其主要特點爲以下各種優勢與市場利基：

- 貨物直接台灣出口，直達中國大陸各港口，尤其俟三通（指大三通）後更能節省運輸成本。
- 出貨文件（Shipping Documents）在香港轉換，特別是海運提單（Bill of Lading, B/L）。
- 嘜頭（Shipping Mark）自始至終均不變動，此乃必須與商業發票（Commercial Invoice）與裝箱單（Packing List, P/L）各項文件一致。

爲了更詳細敘述境外控股公司與境外金融中心如何協助境外轉運中心的實戰作業，茲將三角貿易與四角貿易之實戰操作流程管理詳細敘述其架構如下：

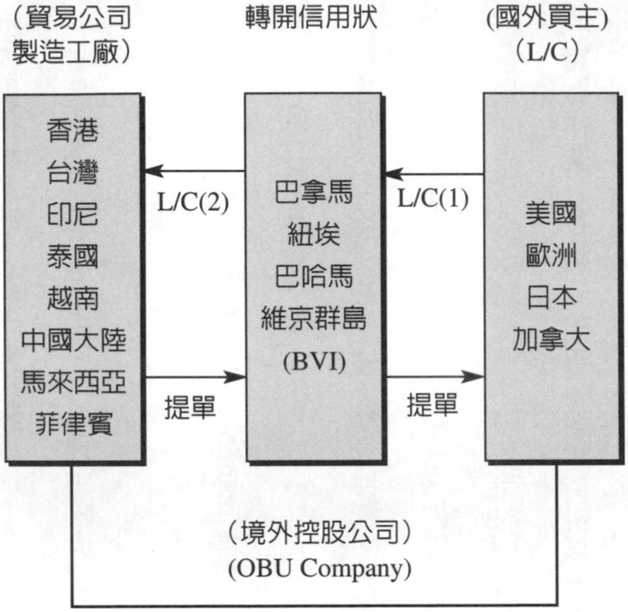

貨主（Shipper）直接出貨並在境外
操作OBU業務

資料來源：許長田教授從事20多年國際貿易、國際行銷之實戰經驗
http://www.marketingstrategy.com.tw
E-mail:hmaxwell@ms22.hinet.net

由上圖觀之，最佳的策略即是以個人名義至境外設立控股公司，而非似台灣公司去設立控股公司（上市上櫃公司除外）。

綜觀以上所述，海峽兩岸的經貿往來必須藉著境外公司之實務操作，方能達到台灣接單、大陸出貨（出口）、台灣押匯的終極目標。換句話說，唯有如此，台灣企業在全球市場行銷的大戰略方能結合中國大陸爲一區域行銷聯盟（Regional Marketing Alliances），足可媲美北美自由貿易區、歐盟（歐洲經貿聯盟）、亞太經濟合作組織（Asia Pacific Economic Cooperation /APEC）以及南美洲四國組成的南維共同市場，同時並能主動塑造優勢全球行銷的市場競爭態勢。

以全球行銷（Global Marketing）之觀點而言，全球各區域性經貿結合組織與區域行銷策略聯盟即爲全球行銷最特殊的利基與賣點，期待不久之將來「大中華區域經貿暨行銷戰略聯盟」將引爆全球行銷商戰利基與優勢，並能促成「大中華經貿共同市場」的建立與發展。

以全球經貿活動體系而言，傳統的全球商戰以往都是由紅頂商人掌握全球商性與企業經營戰略。因此，在全世界各國經貿活動的相互競爭中，大型集團企業有如日本大商社的全球二十四小時商戰兵團以及台商單兵攻擊的個人作戰都是全球商戰中的頂尖高手。然而，由於全球資訊的劇變與創新，帶來了全球高科技資訊國際化與商戰全球化的特質，適切地能因應二十一世紀企業e化的全球挑戰。

因此，海峽兩岸均屬於亞太市場的「供應市場」（Supply Markets），其競爭態勢必然是互別苗頭。爲了促使海峽兩岸經貿更積極、更和諧，筆者認爲必須建構海峽兩岸經貿往來的競合機制（即競爭又合作）。因爲這是一個網際網路的大時代，全球資訊革命引爆了跨世紀地球村資訊高速公路的聯盟網路，此項資訊科技（Information Technology）更促使全球貿易發生急劇的變革與跨國企業文化的重新整合，同時並開啓多國籍企業組織再造的新紀元。

際此二十一世紀新的國際經貿資源整合之劃時代，台灣與中國大陸已經加入WTO，此種經貿定位使得海峽兩岸必須以國際行銷與國際貿易爲競爭主軸。茲以四角貿易爲實例，詳細說明如下：

控股公司轉換第二套出貨文件

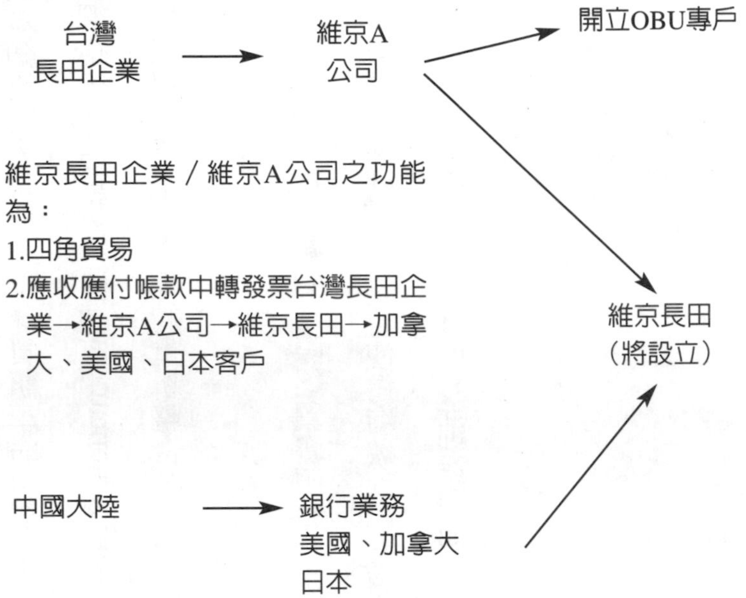

貨主（Shipper）直接出貨並在境外操作OBU

資料來源：許長田教授從事20多年國際貿易、國際行銷之實戰經驗
http://www.marketingstrategy.com.tw
E-mail:hmaxwell@ms22.hinet.net

由以上觀之，在國際市場行銷的領域中，所有免稅天堂的境外金融操作皆是避險的全球境外控股公司（Global Offshore Holding Companies）；而台灣與中國大陸的免稅天堂就是以香港爲基地以利進行海峽兩岸的經貿活動。茲將台灣企業（台商）進軍中國大陸市場並設立內貿公司之實戰操作流程以下圖詳細敘述：

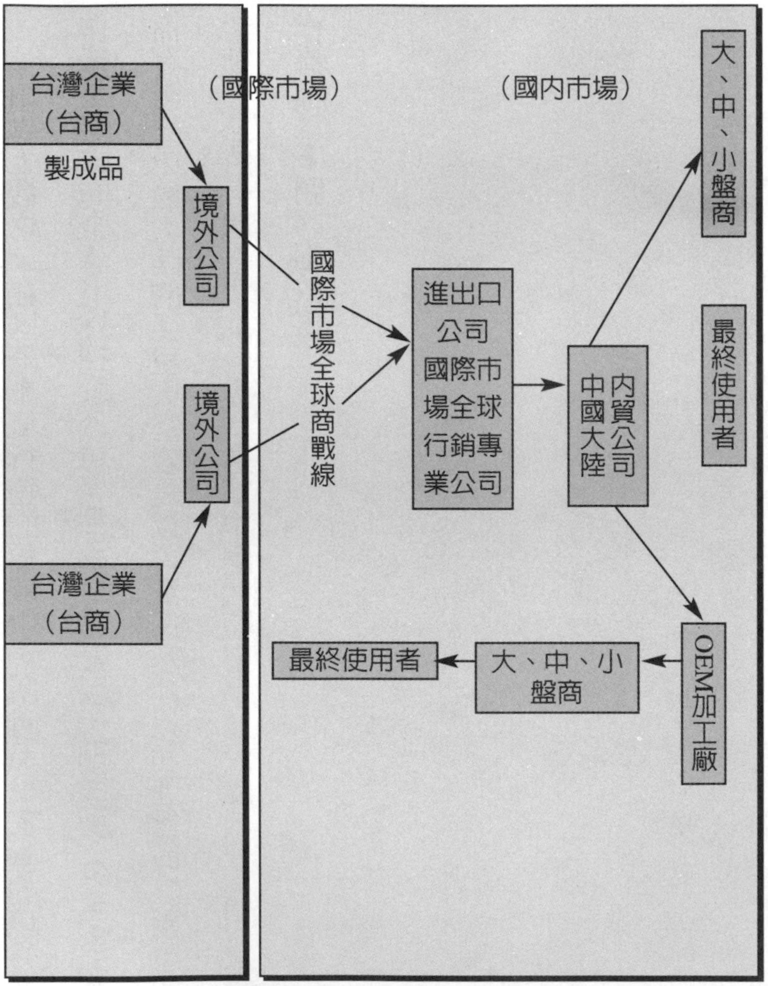

資料來源：許長田教授從事20多年國際貿易、國際行銷之實戰經驗

http://www.marketingstrategy.com.tw

E-mail:hmaxwell@ms22.hinet.net

由上圖可知，海峽兩岸的經貿戰略必須以亞太市場資源的整合進行雙邊良性的互動與合作。由在大陸設立內貿公司或與大陸當地的內貿公司（具規模與實力者）合作開始，透過大陸的特殊市場行銷通路（市場渠道）開發行銷業績，創造海峽岸經貿的雙贏局面。

以海峽兩岸經貿合作的角度而言，以往台商對大陸投資主要以勞力密集型產業爲主，然而在進入二十一世紀後，台灣對大陸出口之主要商品項目則轉變爲電子產品及零件、機械設備及零件，這兩大類產品占台灣高科技與技術出口到大陸市場爲最大宗，不斷呈現逐步上升的趨勢。

因此，從全球市場行銷與國際經貿的資源整合的角度切入，海峽兩經貿合作的模式必須建立在互惠雙贏的對等基礎上，才能永續經營與發展。進一步而言，海峽兩岸在進入WTO後必須在產業分工、資源分工、市場分工以及專業分工各方面都將形成新的大格局。例如台灣以最強的國際行銷與國際貿易垂直分工交給大陸生產或在OEM生意方面都能藉著大陸的強勁生產戰力，合作行銷全球市場。

另方面，海峽兩岸經貿關係必須調整為戰略性合作伙伴的新機制，其主要基調為建構策略聯盟；無論在行銷、金融、貿易、管理、財會各方面，海峽兩岸的分工模式，由「台灣接單、大陸出貨」的型態必須轉型為「垂直分工模式」，並轉向以高科技（以資訊、網路、通訊為主要產業與商品定位）、服務貿易投資及合作開發生物技術的領域發展，建構海峽兩岸長久經貿成長與分工合作的資源共享體系，這是二十一世紀海峽兩岸經貿戰略合作雙贏的新挑戰。

一、全球行銷策略與國際經貿實戰

環顧全球經貿體系與市場實戰運作，自二〇〇〇年代（二〇〇〇至二〇〇九）以後的國際經濟實已邁入「市場國際化」（Market Internationalization）與「情報全球化」（Information Globalization）所主導的創新世紀；而我國經濟發展與對外貿易在國際經濟秩序與國際市場之主導下，亦已明顯地跨進國際行銷與國際投資的劃時代。

正因爲從國際貿易到國際企業的中間階段必須有國際行銷做爲媒介橋樑，因此，我國進軍國際市場與國際貿易經營戰略也由傳統式的靜態、被動扭轉爲動態、主動的實戰策略，並朝向「國際企業」（International Business）、「跨國控股企業」（Multinational Holding Business）與「多國籍企業」（Multinational Business）的目標邁進。茲將全企業競爭優勢、優勢競爭與國際企業之關係再以加構圖詳細敘述如下：

二、台灣進軍國際市場之行銷通路戰略

一般而言，由於國際市場產品與台灣行銷環境之不同，國際行銷通路系統亦演變成各種不同性質的類別。

●傳統式國際行銷通路（Transitional International Marketing Channels）：所謂傳統式國際行銷通路，其意係指供應商、進口商、批發商與零售商之間的關係各行其道，彼此各謀其利，對於國際貿易條件之談判，完全站在自己的立場去考與爭取，各不讓步。只要國際貿易之條件對彼此有利則互相可維持一定程度之關係，如果國際貿易條件不合，則將因互相談不攏造成各自獨立行動，互相不配

合。其典型的實況爲：製造商尋找有意經銷其產品的進口商、批發商，而批發商則找尋有意行銷該產品之零售商；反之，零售商僅找尋能供應其合意的產品之批發商或製造商。因此，大多數國際商品之行銷仍停留在這一類傳統式國際行銷通路。茲將傳統式國際行銷通路系統以架構圖表如下：

● 垂直式國際行銷通路系統（Vertical International Marketing Channels System）：所謂垂直式國際行銷通路（Vertical International Marketing Channels System/VIMCS）係指供應商、進口商、批發商與零售商在國際市場中均連結成一體，其中由某一通路成員從事全盤設計與管理，以增進國際行銷通路效率的一種國際行銷通路。

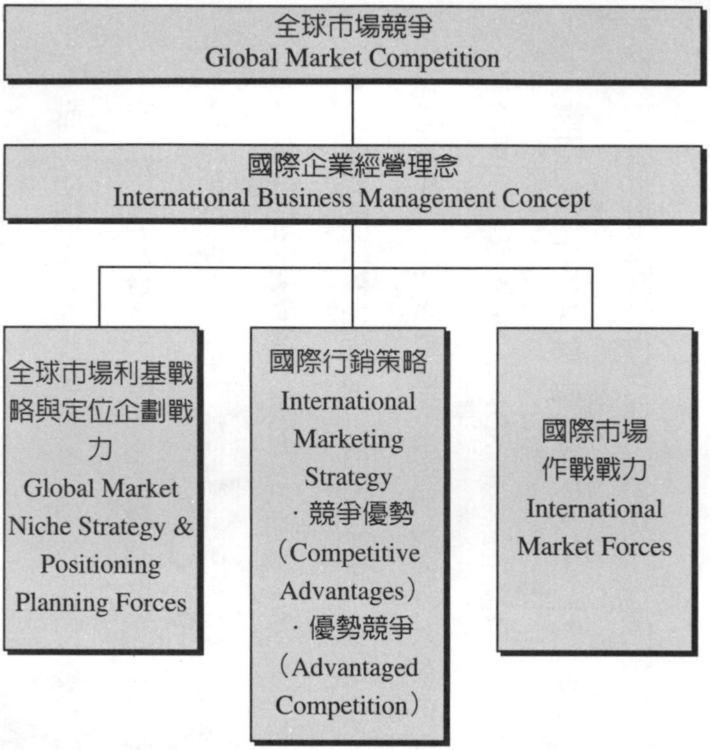

資料來源：許長田教授教學講義與 PowerPoint Slide 投影片

1.文化大學

2.英國萊斯特大學MBA Programme University of Leicester (UK)

3.澳洲梅鐸大學MBA Programme
「國際企業管理」、「全球行銷管理」、
「策略管理」等課程

http://www.marketingstrategy.com.tw
E-mail:hmaxwell@ms22.hinet.net
Mobile:0910043948

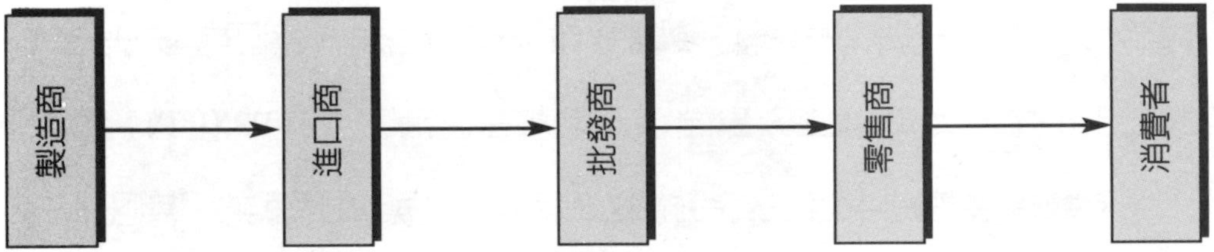

垂直式國際行銷通路可以有效地控制行銷通路成員（Channel Members）的物流行動，避免個別成員為了一己私利而產生利益衝突。因此，垂直國際行銷通路亦可分成以下幾大類：

- 企業集團式垂直國際行銷通路系統：所謂企業集團式垂直國際行銷通路系統（Corporate Vertical International Marketing Channel System）係指國際市場產品的生產與配銷功能（Production & Distributing Functions）為由同一企業或同一企業集團之子公司、分公司所負責執行的行銷系統。例如：美國市場零售連鎖行銷系統。素來享有美國零售業三巨頭（Big Three）之稱的Sears Roubuck(施樂百，或稱西爾斯)、J.C.Penney(潘尼)、K-Mart(凱馬特)等連鎖商店即屬零售連鎖行銷系統的一環，其商品多半來自企業自己擁有份製造商，儼然成了控股公司（Holding Company）之型態。

諸如此類型的國際行銷通路系統，其經營策略可以分爲以下五大方面來敘述：

- 採購（Purchasing）：由於美國市場連鎖零售系統旗下的公司爲數上千，因此，採購數量龐大，採購對象稱定與採購作業程序複雜。
- 行銷（Marketing）：美國市場的主要連鎖公司都各有其特定的行銷目標市場。因此，美國市場之行銷對象均著重在市坦區隔下之消費客層。

- 組織與管理（Organization & Administration Management）：美國市場零售系統乃是以一些連鎖經營及企業集團化經營的零售公司爲主。這些連鎖公司（Chain Store）及企業集團化零售公司（Syndicated Merchandisers）靠其龐大的採購能力及深入各地的零售網而行銷商品。
- 商品企劃（Merchandising）：美國市場連鎖公司，不但是一群商店的組合，也是一種特有商品企劃概念（Merchandising Concept）的徹底落實與運作。
- 廣告（Advertising）：美國市場消費力高，市場潛力，市場機會多。因此美國市場零售連鎖行銷通路系統大多以廣告策略與商展（Trade

Show/Convention）來進行市場推廣的活動。

根據筆者親自到美國芝加哥K-Mart總公司拜訪該公司總經理所得到之珍貴資料顯示：美國市場零售連鎖行銷通路系統乃建立在以下十種市場利基（Market Niche）上：

- 供應商必須做美國市場買主想要的產品。
- 供應商必須做品質優良的產品。
- 供應商所報出的價格必須具有市場優勢（Market Advantages）與市場競爭力（Market Competition）。
- 供應商必須能夠準時交貨。
- 供應商絕對不能偷工減料（Cut Corners），以致影響品質與驗貨標準，造成貿易糾紛。

- 供應商一定要能依照買者所下之訂單的規格交貨。
- 供應商必須有良好的工廠配合製造、生產管理、品管、檢驗、包裝以及出貨事宜。
- 供應商必須具有健全的公司組織與經營管理。
- 供應商必須具有領導力、創新力、企劃力與行銷力。
- 供應商必須是一具市場行銷導向的公司，方不至於閉門造車的設計商品，製造出不被美國市場接受的產品。
- 簽約式垂直國際行銷通路系統：所謂簽約垂直國際行銷通路系統（Contratual Vertical Internatioanl Marketing Channel System）係指某一產品的國際行銷通路成員，以簽訂契約爲基礎，結合成行動一致，快速而有效的國際行銷通路。

簽約式垂直國際行銷通路系統的種類繁多，但大致上可劃分爲兩大類，第一類是向前整合式（Forward Integration），亦即由國際行銷通路排列在前面的成員（例如批發商或進口商）出面整合國際行銷通路的整體系統。茲舉兩個實例說明如下：供應商授權給批發商或零售商的「特許連」（Franchise），全球著名的速食業（Fast Food Industry）龍頭——麥當勞（McDonald's）即是最典型的實戰個案。再如供應商授權給進口商或代理商的「獨家代理」（Exclusive Agent），國際市場享有盛名的賓士汽車（BENZ），台灣市場的獨家代理或稱爲總代理（General Agent）即是中華賓士公司，此亦爲最典型的實戰個案。

第二類是向後整合式（Backward Integration），亦即由或際行銷通路排列在後面的成員（例如零售商或連鎖專賣店）出面整合國行銷通路的整體系統。茲舉兩個實例說明如下：台灣市場眼鏡零售業由全省三十三家零售業者合組成「模範眼鏡公司」，共同採購貨品及共同廣告，以與「寶島眼鏡公司」全省四十三家分公司分庭抗禮，此即為最典型的實戰個案。此外；再如台灣市場西藥零售業者聯盟組合為企業聯盟的「靈獅西藥加盟專賣連鎖店」，亦以整合式的廣告與促銷活動等策略，以與「屈臣氏」連鎖店互別苗頭。

以市場利基的觀點而言，簽約式垂直國際行銷通路系統具有多種優勢，其中最重要的當然是可以集中採購戰力、結合廣告戰力、整合促銷活動、慎選商店立地戰略、提供良好店頭廣告（Point of Purchase/POP）、商圈與商店內動線規劃、員工教育訓練、提供財務融資、會計制度建立與輔導、管理策略之傳授等各項優勢定位（Advantaged Positioning），實在遠非獨立經營的零售商店所能媲美的競爭優勢（Competitive Advantages）。因此，此種國際行銷通路在未來全球市場行銷戰中，深具得天獨厚之市場利基（Market Niche）。

- 管理式垂直國際行銷通路系統：所謂管理式垂直國際行銷通路系統（Administered Vertical International Marketing System）係指某一國際行銷通路成員的規模與市場影響力都較大，進而運用國際管理策略，促成整個國際行銷通路緊密地結合，所謂「連得多，鎖得緊」即是連鎖通路最主要的精髓。例如：在頗龐大特定企業規模中的大型製造商，其在產品切入國際行銷通路上，往往可藉著整合國際行銷策略中的訂價策略，國際商展（International Convention）、展示陳列、促銷活動與廣告等全方位的實戰運作，而獲取批發商與零售商的商務合作。例如台灣在北歐荷蘭鹿特丹（Rotterdam）設有「台灣機械展示中心」（Taiwan Machinery Display Center）即吸引來自北歐各國，甚至西歐、德國、英國、法國、義大利以及美國買主的興趣與採購。因爲此種全方位的商展能夠爲製造供應商帶來最大的OEM或ODM訂單。

附註：OEM:Original Equipment Manufacturing（「原廠委託製造」，或「來樣代工」）ODM: Original Design Manufacturing（「原廠設計製造」。

綜觀以上所述，茲再將垂直式國際行銷通路系統以架構圖表示：

● 水平式國際行銷通路系統（Horizontal International Marketing Channel System）：所謂水平式國際行銷通路系統（Horizontal International Marketing Channel System）係指兩家或兩家以上企業，彼此聯盟結

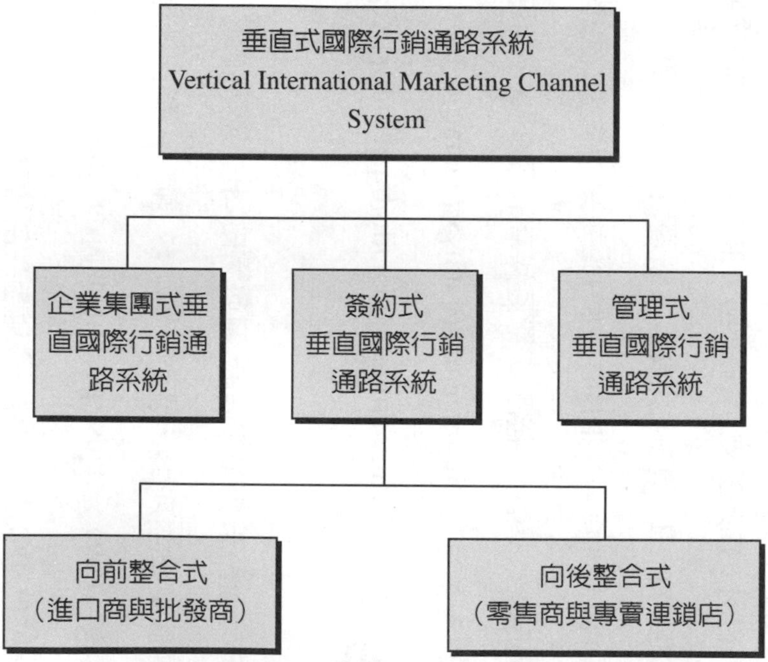
垂直式國際行銷通路系統
Vertical International Marketing Channel System
企業集團式垂直國際行銷通路系統
簽約式垂直國際行銷通路系統
管理式垂直國際行銷通路系統
向前整合式（進口商與批發商）
向後整合式（零售商與專賣連鎖店）

合，形成所謂的「企業聯盟」（Business Alliance），共同開發國際市場。其中最主要的結盟因素，乃在於個別企業本身的專業、財力、技術、行銷、採購、製造、企劃、管理、創新、R&D、國際行銷網等不足以獨立開發國際市場，或是個別公司不願負擔太大風險，或是企業聯盟後可具備「企業經營綜效」（Business Management Synergy）。此種國際行銷通路可稱爲「共生國際行銷通路」（Symbiotic International Marketing Channel）例如一九九五年，全球電腦巨人——IBM收購合併／購併（Merger）蓮花（Lotus）電腦即爲最典型的實戰個案。

綜觀以上所述，水平式國際行銷通路系統的最主要優勢即是能完全掌控國際市場行銷通路之命脈與環節，進可成爲通路領袖（Channel

Leader），退可充分掌控下游的通路據點與最後小賣點（End Lots）。茲再將水平式國際行銷通路系統以架構圖表示：

● 多層式國際行銷通路系統（Multichannel International Marketing Channel System）：所謂多層式國際行銷通路系統（Multichannel International Marketing Channel System）係指供應商（製造商、進口商或批發商），同時採用兩種或兩種以上的國際行銷通路，以供應同一個國際目標市場或不同的國際目標市場。

茲將多層式國際行銷通路系統以架構圖詳細敘述如下：

綜觀以上所述，茲再舉以下個案實例說明多層式國際行銷通路系統之特殊效果：

台灣市場有許多進口國際名牌之時裝、服飾或化妝品，其行銷通路一

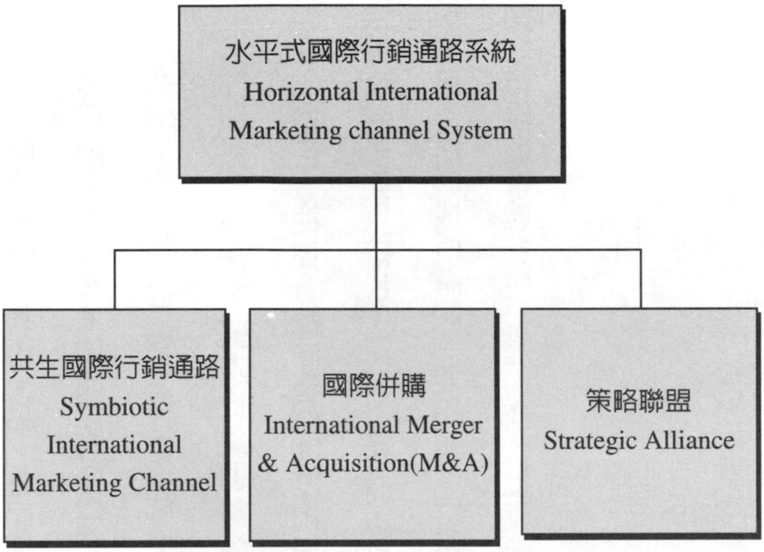

資料來源：許長田教授教學講義與 PowerPoint Slide 投影片

1.文化大學

2.英國萊斯特大學MBA Programme University of Leicester (UK)

3.澳洲梅鐸大學MBA Programme

「國際企業管理」、「全球行銷管理」、「策略管理」等課程

http://www.marketingstrategy.com.tw

方面自行開設服飾專賣店，另一方面則在百貨公司設立專櫃，同時亦在其他服飾店內寄售服裝，例如ESCORT名牌與VIVI名牌等，都是多層式國際行銷通路系統（此即台灣市場進口行銷之多層式國際行銷通路系統）。

綜觀以上所述，國際行銷通路中的進口商（Importer）與批發商（Wholesaler）往往會控制整個國際市場的物流活動，而形成所謂的「通路領袖」（Channel Leader），而零售商（Retailer）亦在下游控制零售系統的連鎖通路，而形成所謂的「連鎖領袖」（Franchisig Leader）。因此，在進口行銷之市場競爭態勢中，進口商、批發商與零售商實爲行銷通路中之主角功能。

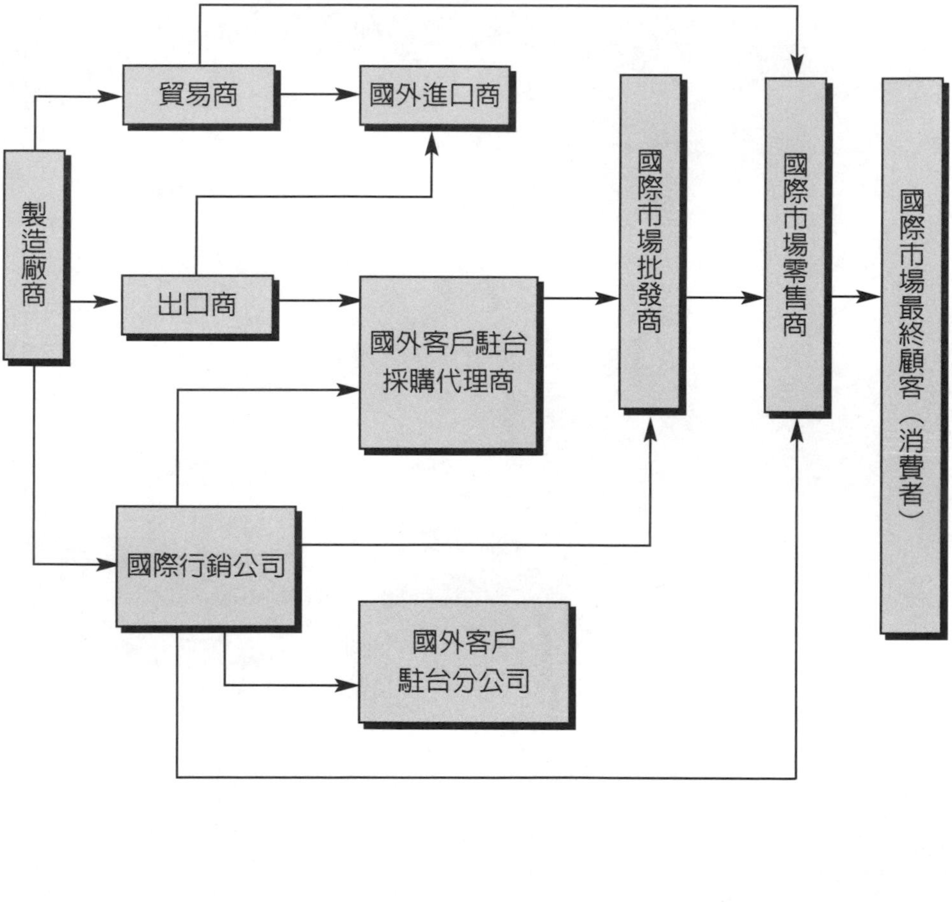
貿易商
國外進口商
製造廠商
出口商
國外客戶駐台
採購代理商
國際市場批發商
國際市場零售商
國際市場最終顧客（消費者）
國際行銷公司
國外客戶
駐台分公司

議題 1 議題 2 議題 3 議題 4 議題 5
議題 6 議題 7 議題 8 議題 9 議題 10
議題 11 議題 12 議題 13 議題 14 議題 15
議題 16 議題 17 議題 18 議題 19 議題 20

議題 16
國際行銷OEM的實戰策略

綜觀世界貿易舞台，OEM國際行銷係屬於「全球行銷」（Global Marketing）最直接與最有效的行銷實戰。以整體世界市場的主要角色與市場機會而言，美國市場一向是全球最大的目標市場。根據國際市場情報顯示：美國市場約涵蓋全球財貨與勞務市場（Goods and Service Market）總市場需求的30％。而整個歐洲的市場需求（Market Demand）則略遜於美國市場而達到27％，排名第二。因此，以台灣企業之行銷立場而言，其出口行銷（Export Marketing）最有效的實戰操作應屬OEM、ODM與OBM Branding自創品牌爲三贏策略。

另方面，美國、歐洲在全球市場向來被列爲買方市場（Buyer's Market），而亞洲地區之日本、台灣、香港、新加坡、南韓、中國大陸等一向被視爲強而有力的賣方市場（Seller's Market）。因此，亞洲這些國家欲外銷至歐美各國市場，必定藉著OEM之行銷方式先搶灘市場再控制市場。故就台灣企業對外貿易發展而言，在國際市場經營策略推展時，一定要藉著OEM出口行銷策略打開國際市場。

然而，OEM之國際行銷策略，首重「市場定位」與「商品再定位」策略。亦即以「否定市場競爭態勢」切入國際市場之目標區域市場。例如切入美國市場中之西岸市場（West Coast Market）或東岸市場（East Coast Market）之行銷策略，即應以西岸之洛杉磯（Los Angeles）、舊金山（San Francisco）爲中心；而東岸應以紐約(New York)、傑克遜維爾（Jacksonvill）、查理斯頓（Charleston）、邁阿密（Miami）爲中心；中西部則以芝加哥（Chicago）爲區域行銷之中心，其中涉及到批發商（Wholesaler）與零售商（Retailer）之物流以及連鎖通路（Logistics and

Franchising Chain Channels）之整合。

其次，在美國市場之零售系統中，最重要的行銷通路爲量販店（General Merchandise Store/GMS）、超級市場（Super Market）、百貨公司（Department Store）、家庭用品中心（Home Center）、組合商品專賣店（DIY Store）、折扣商店（Discount Store）、廉價商店（Off-price Store）、便利商店（Convenient Store）、專賣連鎖店（Speciality Shop）、型錄展示店（Catalog Showroom）、郵購商店（Mail Order Shop），以及工作坊（Work Shop）等，應有盡有。因此，在OEM行銷的產品定位與市場行銷通路，出口廠商應選擇最適合產品利基與市場生存空間的特殊通路。

一、OEM國際市場卡位策略

在規劃國際市場開發策略時，國際貿易從業人員應努力使產品與市場能相配合。同時，國際行銷人才必須在國際市場中之利基加以卡位。因此，在規劃程序的開始將面對的兩個主要問題是：

- 外銷哪些產品？
- 行銷到哪些國家？

很顯然地，國際貿易產品及市場的選擇，必須同時決定目標產品與目標市場。

產品的選擇是國際市場開發策略的最主要因素。只生產單種產品的公司，唯一必須考慮的問題是該產品是否適合國外市場需要與拓展。換句話說，該產品是否有良好的條件來保證在國外市場獲致成功。另外，大多數具有兩種以上產品的公司，就須考那一項產品才是進軍國際市場的最佳產品。

因此，選擇產品的條件是先要確定產品的下列特性：

- 可被市場接受
- 利潤潛力高
- 可利用現有設備生產
- 內行銷可行性一致

只有少數公司的產品才可能具有這些特性的大部分，但選擇產品一定要有某些能獲得行銷競爭優勢的優點，這些優點如低價格、與衆不同的特效、設計或卓越的技術等。

在確立目標產品後，即可確立目標市場，例如：要做美國市場便須先研究並了解美國貿易法規、海關法規、關稅、港口、運費、經濟、人文、安全標準、包裝、交貨、運輸、付款條件等等因素，甚或美國人獨特的商業習慣，如果不深入了解美國市場便無法將公司產品進軍至美國市場銷售。當然，其他市場的開發也是如此。

因此，在這「買方市場」導向下做國際貿易，可說是應了那句「貿易路上是非多」的處境。國際商場上有些買主往往會假藉看樣、取樣後再決定是否下訂單的「陽謀」策略，左說右哄以種種不入流的技倆騙取大批的樣品，得手後旋即在當地市場上擺起地攤，賺取毫無本錢的蠅頭小利。要不然，就是採取「樣品取你家」、「訂單落他家」的迂迴策略，搞得國內行銷廠商及貿易商一頭霧水。

從國際市場的角度來分析買主的誠意程度，似可從對方對樣品索求的程度及殺價的狠勁著手應付。寧可不做生意，不接訂單，也不能輕易讓他們予取予求，任意宰割而破壞了國際貿易秩序。

綜觀以上所述，由於台灣積四十幾年的OEM實戰經驗，因此，國際市場OEM買主（尤其是歐洲與美國買主特別喜愛與台灣OEM製造商做貿易，此蓋因爲台灣的研究開發（Research & Development/R&D）能力爲亞洲四小龍各國中特別具水準之故，這就是歐洲與美國各國之OEM買主（OEM Buyers）下訂單給台灣供應商的主要原因與關鍵因素；同時也是台灣OEM國際行銷實戰之市場利基與競爭優勢，因此，我國應該再接再厲，保持此項OEM國際行銷之競爭優勢，使台灣企業在國際市場立於不敗之地。

二、OEM國際行銷之市場競爭戰略

前面已談及台灣OEM國際行銷實戰中之利基與優勢，接著要敘述台灣企業在OEM國際行銷商戰中的市場競爭戰略。換言之，就是經營OEM企業行銷之理念、戰術與戰略。

所謂「沒有策略企劃，就沒有企業」。因此，OEM市場競爭戰略可說是行銷戰將決勝OEM國際市場的法寶。因爲國際行銷的本質就是國際市場爭霸戰。也就是說，國際行銷企劃戰能左右國際市場爭霸戰的戰局；因此，OEM國際行銷實戰必須著重OEM理念、戰術與戰略之企劃與執行。然而，OEM國際行銷企劃（OEM Marketign Planning）爲國際行銷實際全方位活動的主軸，其中包括國際行銷目標、國際行銷定位、國際行銷策略以及一至

OEM國際市場卡位策略

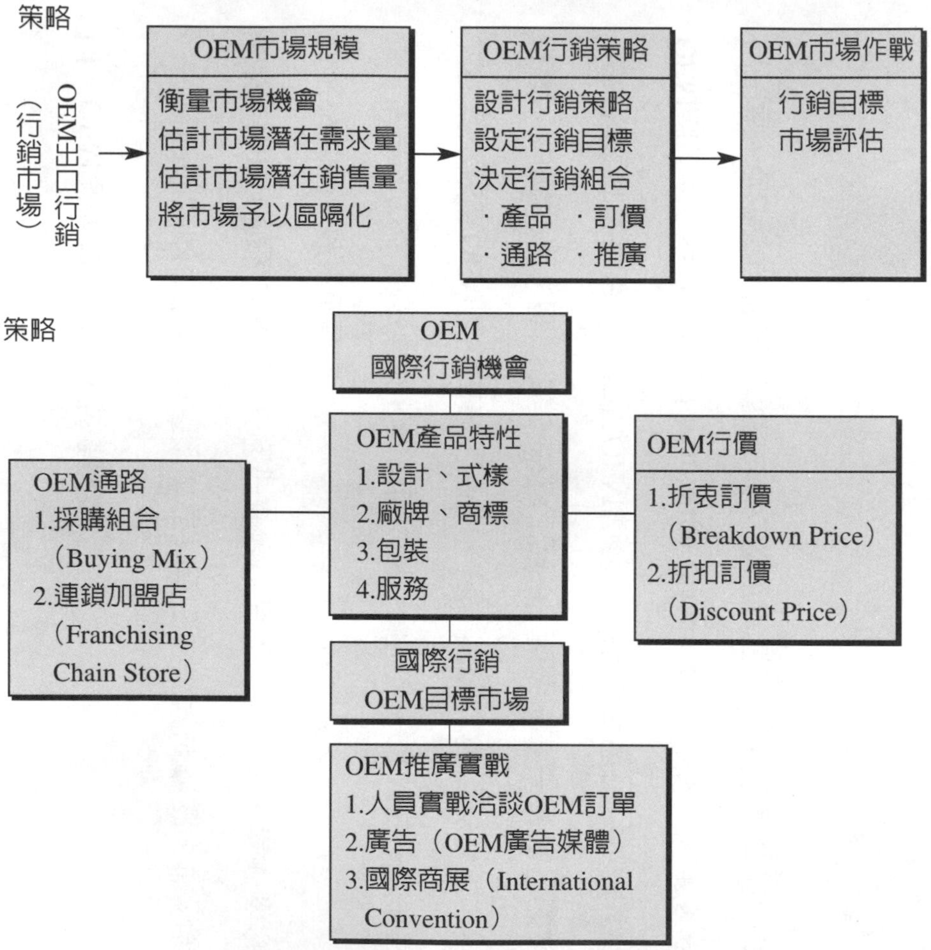

資料來源：許長田教授教學講義與 PowerPoint Slide 投影片

1.文化大學

2.英國萊斯特大學MBA Programme University of Leicester (UK)

3.澳洲梅鐸大學MBA Programme

「國際企業管理」、「全球行銷管理」、「策略管理」等課程

“OEM International Marketing” 2004

http://www.marketingstrategy.com.tw

三年屬短期的國際行銷戰術（International Marketing Tactics）。茲將OEM國際行銷之市場戰略以架構圖再詳細敘述如下：

由以上所觀之，OEM製造商在推廣國際行銷時，必須特別注重所謂「全方位OEM企業經營與國際市場競爭戰略」（Overall OEM Business Management and International Market Competitive Strategy）。唯有如此，方能在OEM國際市場實戰中決勝目標市場。

環顧當今之國際市坦實戰，OEM國際行銷實爲台灣拓展國際市場之生路與命脈。因此，我國企業在走向國際化之初，應可採用OEM與OBM雙管齊下，如此，則進可攻，退可守，即可發揮企業國際商戰的看家本領，也就是說，企業國際商戰要全方位出擊，引爆國際市場策略企劃與國際市場爭霸戰的行銷作戰特性，方能立足於國際行銷舞台。

OEM製造商（OEM Manufacturer）	↔	OEM國際買主（OEM Buyer）
●處理OEM訂單（Handling OEM order）		●提供產品設計圖（Offering Artwork）
●出貨（OEM訂單之商品）（Shipping OEM Order）		●下OEM訂單（Placing OEM Order）
●信用狀押匯（Negotiating L/C）		●開信開狀付款（Opening L/C Payment）

三、台灣進軍國際市場之OEM國際行銷商戰

一般人總以爲，做貿易出路好；也總以爲，做貿易就是攀交情、拉關係、走門路、耍嘴皮，專門替買主與製造工廠穿針引線，以「紅娘」的身分賺取佣金的事業。

由於擁有這種心態的貿易商占了大多數，致使我國的貿易層次無法提升。

事實上，做貿易不是輕而易舉的，其背後必須有豐富的專業知識與專注的精神為後盾。否則白忙一場事小，損壞我國業者與國家的形象事大。

●實戰篇——雨傘禍事：龍發威，這位國貿系科班出身的年輕人，在服完兵役後，就積極地想從事國際貿易這個行業，經過大半年的準備，終於成立「發威」貿易公司。公司雖然成立了，但是要做何種產品及客戶在那裡，他卻茫然不知。這時，一位在軍中服役的夥伴表示，他目前經營一家製造雨傘及洋傘的工廠，並詢其是否有意合作行銷。就這樣，產品的問題暫時有了著落。

然而，客戶仍舊連個影子也沒有，正好外貿協會籌辦國產品外銷展售會，龍發威便決定參展。也許是這位「龍少爺」命中注定發財，在展出期間，居然有位老美當場下了三個二十呎貨櫃的訂單，這批貨少說也有幾萬美元，這對剛成立的貿易商來說，的確是個龐大的數目。

龍發威十分高興地與買主簽下了一紙銷貨確認合約，及一式五份預約買主開出信用狀付款的預約形式發票。

過了五天，老美果真如約開來電報信用狀，爲了愼重起見，龍發威還將信用狀送到往來銀行，請銀行對這家公司的信用情形詳加調查。幾天後，銀行的答覆是信用良好。

有了銀行的確認，龍發威很快地將訂單下給工廠，還三天兩頭地到工廠瞧瞧，直到這批貨如期全部裝船結關，這才鬆了一口氣。

一星期後，銀行通知：這筆10萬3千美元的貨款，全額撥入發威貿易公司的戶頭。

當老美收到「發威公司」運交的貨物後，便立即卸下外箱包裝，卻發現三個二十呎貨櫃的洋傘及雨傘的傘骨竟然撐不開，老美又氣又急，連忙拍封加急電傳電報給發威貿易公司要求退貨。

龍發威眞是驚慌失措，不知如何是好，因爲非但是賠償這筆數目龐大的貨款，搞不好，老美再到經濟部國貿局控告貨樣不符的貿易糾紛，輕則停止出口三個月，重則將被吊銷出口執照。

不出三天，買主威爾森專程由美來台台處理這宗索賠事件，身邊還帶來兩位專門負責打國際官司的名牌律師及一大堆索賠文件。

龍發威只有硬著頭皮，勉強接受威爾森提出的賠償細節，言明一星期內湊足所有10萬3千美元的全數貨款，賠償了事。至於退貨事宜，威爾森答應拍封電傳電報，指示交船運回，運費悉由發威貿易公司負擔。

追究起來，這起貿易糾紛的發生，實肇因於龍發威，對所做的傘類專業實務認識不清所致。

事實上，龍發威當初決定做傘類貿易時，應先了解傘骨、傘布及其他零配件的構造、功能、材料等生產要素，更應注意美國與台灣在氣候、溫度、濕度方面的差異，考慮熱脹冷縮的原理，在製造及驗貨時，就應向工廠強調美國市場的氣候特性，在其間計算出差異係數，方能正式製造生產。這樣就不會發生在台灣明明可以撐開的傘，一到美國就撐不開的棘手問題。

●實戰篇——入埃及記：在酒廊上班的小莉，由於平常接觸了不少從事貿易工作的客人，也興致勃勃地想做貿易。

小莉認為自己的外語能力不錯，因此更增加了自己經營貿易的信心。主意既定，接下來，就面臨著做何種產品及銷往哪一地區的實質問題。看好一九八四年的洛城奧運會勢將盛況空前，小莉心想運動員是少不了運動鞋及運動裝備的。於是，就決定做行銷運動鞋的生意。她拿出幾年來在酒廊上班的積蓄，請了兩位朋友幫忙，成立了「莉莉貿易公司」。

時間一天、一天地耗過，客戶連個影子也沒見著。有一天，小莉的朋友來電，約她在某大飯店咖啡廳洽商，喝咖啡時，小莉無意中發現一位來自埃及的大買主，正與國內某家出口商討價還價，各不讓步。

小莉見此機會，當下就和這位潛在買主交換名片，問出對方擬購買的運動鞋規格大小、式樣設計、顏色搭配，雙方並約定到「莉莉貿易公司」詳談細節。

小莉在招待埃及買主阿布度拉．哈山看過樣品（工廠漏夜及次日趕製的樣品）、談妥報價，取得確認樣品後，買主當場下了三個二十呎貨櫃的訂單。

小莉不費吹灰之力，抓到這一筆大買賣，高興得連嘴都合不攏，與買主簽下一紙銷貨確認合約，及一式五份雙方預約買主開出信用狀付款，及賣主接到信用狀後須出貨的預約形式發票。

這筆生意既已敲定，就等著埃及買主阿布度拉．哈山回國後，開出全套電報信用狀。

過了幾天，阿布度拉果眞如約開來全套電報信用狀。在請銀行審查鑑定信用狀眞僞無問題後，小莉便將訂單下給提供樣品的工廠，另在訂單上加列「×」圖案放於運動鞋足踝部分的商標上。小莉認爲這樣不但不單調，而且更吸引顧客的興趣及購買慾望。

這批貨如期地在信用狀上所指定的有效期限內，全部裝船結關，運往埃及亞歷山大港。

出了貨，小莉忙著製作押匯文件，到押匯銀行趕辦押匯。兩天後，銀行通知，這筆15萬5千美元的貨款，一毛都不少的撥入「莉莉貿易公司」的戶頭。

阿布度拉買主收到「莉莉貿易公司」運交的貨物後，便立即拆櫃卸貨，他們卻發現三個二十呎貨櫃的運動鞋均貼有「×」標記的圖案。這「×」標記不論從任何角度來看，都是「+」字型的符號，在篤信回教的埃及，是不容許基督教「+」字型符號的存在，阿布度拉又急又氣，連忙拍封加急電傳電報要求退貨。

三天後，阿布度拉專程來台處理這件索賠案。小莉勉強接受阿布度拉所提出的賠償細節，言明十天內湊足所有15萬5千美元的貨款，賠償了事。

這起貿易糾紛的發生，肇因於小莉欠缺貿易實務知識、運動鞋專業實務，及對國際市場、各國宗教、風俗習慣認識不清所致。

事實上，小莉當初下訂單給工廠時，除了依循買方的訂單細節條件之外，更應了解買方市場顧客的喜愛與禁忌，再配合對運動鞋專業產品知識，如此就能順利地達成交易。

議題 1	議題 2	議題 3	議題 4	議題 5
議題 6	議題 7	議題 8	議題 9	議題 10
議題 11	議題 12	議題 13	議題 14	議題 15
議題 16	議題 17	議題 18	議題 19	議題 20

議題 17

台灣必定成為亞太企業經營中心

自一九九〇年代以來，在中國大陸即醞釀著所謂「三個三角形戰略」（Three Triangles Strategy）的經貿實戰。這就是：依存小三角形（中國大陸、台灣、香港），聯合中三角形（中國大陸、新興工業化國家及地區、東南亞國家聯盟），來對付大三角形（中國大陸、日本、美國）。換句話說，要首先安頓好自身周圍，然後與亞洲各國合作，來與美國及日本競爭，此種競賽規則（Game Rule）無疑地顯示出中國大陸欲在競爭中共存的意圖，以策略規劃中國大陸在亞洲太平洋地區（Asia-Pacific Region）的經貿戰略與國際形銷商戰定位。

一九九〇年代的世界經貿舞台與全球行銷活動均已移向亞洲暨太平洋地區，而亞太區域的行銷聯盟（Marketing Alliances）與經貿交流便成爲亞太各國必須推展的課題。

一九九五年爲亞洲暨太平洋地區各國在國際行銷競爭最爲劇烈的關鍵年。由於一九九七年後香港的行銷利基與市場定位勢將產生極大之變化，因此，在台灣方面，隨即規劃並爭取成爲亞太企業經營中心。茲將亞太企業經營中心的意義、內涵以及對台灣的國際行銷定位有何衝擊一一再度詳細介紹如下：

所謂亞太企業經營中心（Asia-Pacific Business Management Center）即將國際行銷活動都以台灣爲核心，無論海運、空運、製造、行銷、金融、管理、採購、媒體、電信、資訊等均透過台灣在亞洲的樞紐位置從中穿梭，衍生爲國際行銷網（International Marketing Networks）與穿梭市場（Shutting Market）。

正由於二〇〇〇年代的國際政治與經貿舞台均面臨空前的激變，全球經貿發展趨勢朝向以經貿合作與策略聯盟（Strategic Alliances）爲主軸的互動關係，追求經貿成長並提升國民生活的水準與品質，已成爲全球各國政府最迫切解決與推動的課題。茲將當前世界經貿發展的趨勢再詳細分述如下：

- 關稅暨貿易總協定（General Agreement of Tariff & Trade/Gatt）烏拉圭回合（Uruguay Round）貿易談判，世界各國達成協議，同意建立一套全球性自由貿易規範，並於一九九五年元月成立世界貿易組織（World Trade Organization/WTO）負責執行這些貿易規範，因此，世界貿易將更爲自由化、開放化及透明化。
- 當前歐洲共同市場（European Economic Committee or Common Market）、歐洲經濟聯盟（European Union/EU）、北美自由貿易協定

（North America Free Trade Agreement/NAFTA）以及亞太經濟合作組織（Asia Pacific Economic Cooperation/APEC）等諸大經貿集團，持續加速聯盟與整合，吸收更多的成員加入各項經貿組織。另方面，獨立國協、非洲及中東國家、印度與南非共和國等亦陸續跟進準備成立新區域經濟圈。

- 亞太地區（Asia-Pacific Region）經由貿易與對外投資之經貿活動，並透過區域內各國密切合作，發展出一套循序漸進的產業分工的互補體系，且未來將更加活絡項國際行銷之區域性活動。因此，際此二十一世紀（二〇〇一年）全球企業e化的新世代，亞太地區將繼續扮演著世界經濟與全球貿易行銷成長的重心。
- 全球性的貿易與環保的問題已成爲國際間熱門的話題，因此，世界各國均提出以貿易手段作爲達成環保目的之國際環保公約，而國際行銷活動必將更著重全球環保與貿易量之重新分配，相信環保問題勢將成爲世界貿易組織WTO下次邊貿易談判之重要課題。

綜觀以上所述，在劇變的全球經貿趨勢下，我國對外貿易與國際行銷策略可再分述如下各項因應之道：

● 我國必須積極參與多邊經貿組織，因應區域行銷之整合壓力，並強化與各會員國之國際行銷與經貿投資，提出合作專案及計劃，將我國發展經濟貿易與國際行銷商戰之實戰經驗與各國分享。

● 配合推動成立亞太營運中心，健全貿易相關法規與海關法規，開創嶄新的局面，經營一個更自由化、國際化、全球化的總體經濟環境。

- 調整產業結構，促進產業升級，提升技術水準，強化國際市場行銷戰力，以提高我國產品在國際市場之競爭力。同時，並透過國際廣告、公關、展覽、國際商展（International Convention）等國際行銷策略，提升台灣產品在國際市場上整體國際形象。
- 在因應海峽兩岸主客觀情勢上，一方面必須維持台灣產業在國際市場之競爭優勢（Competitive Advantages），持續保持海峽兩經貿互補互利的雙邊關係，另方面必須全力開全方位的對外經貿關係與國際行銷活動。
- 積極研究並擬訂國際環保之因應策略，並積極爭取加入國際環保公約或簽訂國際雙邊環保協定，使我國經貿與國際行銷活動得以持續發展。

環顧全球激變的世局，面對著國際經濟與區域行銷（International Fconomy & Regional Marketing），以及國際經濟區域之整合潮流與世界貿易組織WTO成立之多元化挑戰，國內外企業必須擬訂最有利基與優勢的經營策略，除了必須儘早滲透其他國家或地區設立生產與行銷據點外，並應建立全球行銷網路（Global Marketing Network）、強化經營體質，積極研究開發（R&D）新技術，增強國際競爭力，則當二十一世紀來臨時，我國企業方可立於不敗之地，達到永續經營（Going Concern）之企業終極目標。

一、台灣進入WTO的優勢戰略

綜觀一九九〇年代的國際經貿變局，是屬於多元化、區域性、聯盟式以及雙邊、多邊的互動關係。正因爲如此，俗稱「關稅與貿易聯合國」的聯盟式關貿組織——GATT即爲全世界各國勢必爭取加入的國際經貿組織。當然，台灣也不例外，自一九八八年，海峽兩岸的中國人即互相輕勁，看哪一方最先加入GATT，因此，台灣與中國大陸在爭取加入GATT之一切動作與公關遊說，頓時成爲國際經貿活動特別注意與關切的焦點。茲將GATT的由來與功能再詳細敘述於下：

所謂關稅暨貿易總協定（General Agreement on Tariffs & Trade），習慣稱爲GATT或關貿總協定，此協定的誕生係於第二次世界大戰即將結束時，世界各國有感於經濟必須復甦與重建。因此，一九四四年在美國主持下召開的「布列頓森林」（Bretton Woods）會議上，決定設立國際貨幣基金會（International Monetary Fund/IMF）及世界銀行，而國際貿易機構（International Trade Organization/ITO）的設立也提上了會議議程。一九四八年，在古巴的哈瓦那，召開了旨在制訂國際貿易憲章的會議。然而，設立國際貿易機構事宜，因美國國會不批准而成爲廢案，而國際貿易憲章的「關稅暨貿易總協定」，即搶先於國際貿易機構而正式登場（這一形式無須美國國會批准）。這就是現在的關貿總協定。

在GATT誕生之始，其性質並不是聯合國式的組織，只不過是「協定」而已。然而，其含有包括「締約國有共同行動義務」在內的廣泛權力之行使條款，因此，實質上是擔任國際組織執行國際經貿活動的功能與任務。直到一九九二年七月爲止，締約加盟國達到一百零四個會員國，總部設在瑞士日內瓦，其年度預算爲8千6百萬瑞士法郎。

GATT的功能在優惠關稅（Generalized System of Preferences／GSP）之執行任務上格外發揮出特殊的作用。例如，台灣產品出口行銷至美國市場，即享有美國政府GATT協定下之優惠關稅，端視關稅減讓或產品項目（Product Items）之多寡而定。因此，台灣外銷美國的產品必須申請原產地證明書（Certificate of Origin）Form A，方能享受美國市場的優惠關稅，此即為關貿總協定對台灣的貢獻，這也就是台灣積極欲爭取加入GATT的最主要原因。

綜觀以上所述，在國際經貿活動與國際行銷已趨向區域性與聯盟式之際，關貿總協定之功能隨即應加以擴大與提升。因此，一九九五年，全球GATT的會員國再度召開會議，欲將GATT之組織廢除，另成立「世界貿易組織（World Trade Organization/WTO）取代GATT之組織、功能與任務。」茲將世界貿易組織之內容、功能與任務再詳細敘述於下：

所謂世界貿易組織（World Trade Organization/WTO）係由關貿總協定

之功能、任務再擴大爲一常設機構，專責處理世界各國之經貿、關稅、行銷、法律、文化、管理、投資以及併購（Merger）之全球經貿常設專責機構。總部仍然設在瑞士日內瓦原來關貿總協定舊址辦公大廈。

綜觀以上所述，當初關稅暨貿易總協定從甘-迺迪回合（Kennedy Roune）、東京回合（Tokyo Round）直到烏拉圭回合（Uruguagy Round）等數次之關稅減讓的交涉，其主要精神與宗旨即在消除世界各國之關稅壁壘與貿易障礙，以達到全球化自由貿易（Globalized Free Trade）的終極目標。

然而，在現實的國際行銷環境中，各國支配經濟活動、貿易收支與行銷策略的綜合戰力，仍存在於國際需求與商品價格結構之外的影響力，這股如排山倒海的強勁壓力即是國際政治舞台的力量。此種國際政治的力量給進口產品課以高關稅，有時在數量上並加以限制，此即爲貿易設限，亦稱爲貿易配額（Trade Quota）。這些政治影響力均明顯地影響世界資源之利用以及所得的重新分配。例如，美國爲保護鋼鐵產業，對日本及歐洲運來的進口鋼材，課以高百分比的關稅稅率，結果使在美國市場的鋼材價格上漲，同時，亦使美國的鋼鐵業有利可圖，但使用鋼材生產產品的下游產業，則蒙受損害。因鋼材漲價而失去國際競爭力的汽車製造業，就會要求政府保護，限制進口。因此，在經濟上的非效率性造成的成本問題，最終由消費者來負擔，則消費者的實質所得就下降了，各國便會產生人民生活品質低落的問題，終將又回歸影響到各國政治層面。

基於此種國際經貿息息相關的理念，世界貿易組織的任務與功能，即在發揚世界各國互助、互惠、互利與互動的精神，促使全球經貿體制與國際行銷趨於和諧與合作。

行銷大台灣的亞太營運中心（Asia-Pacific Regional Operations Center）原計劃爲讓國內外企業界願意以台灣做爲企業營運中心，無論在投資、經貿、財經、金融、研發、製造、設計等領域都能得心應手的永續發展，並做爲開發大陸市場、東南亞市場的行銷商戰據點，讓台灣在二十一世紀成爲亞洲太平洋地區工商企業行銷活動的大本營。換句話說，亞太營運中心計劃其實是一個協助台灣朝向國際化與自由化發展的政策；而一項政策是否經得起考驗，端視其理念是否正確，是否爲市場所接受，是否執行徹底。

因此，當台灣成爲全球化企業發展的總部，吸引跨國企業來台設立營運中心並進軍大陸市場時，自然而然就會在台灣與大陸間的貿與投資雙邊關係中創造雙贏的局面。亞太營運中心計劃最主要的宗旨即是使台灣打開兩扇門，一面向全球市場，一面向大陸市場，並以亞太地區市場爲腹地，台灣爲穿梭市場，將台灣納入國際市場爲網路，這樣就能提升台灣在國際舞台的地位，另方面，可促使亞洲太平洋地區的經貿與企業活動的新定位，有利促進亞太區域的整體安全。

亞太營運中心所規劃的六大營運中心包含：亞太海運中心。亞太空運中心。亞太媒體中心。亞太製造中心。亞太金融中心。亞太研發設計中心等。依筆者個人之見解，亞太金融中心是比較容易建構，因爲台灣的財經人才與金融人才比比皆是，眞所謂人才濟濟，只要軟體與軟體建構完成，人才的培育與注入都是輕而易舉的事。然而，至於亞太海運中心的建立，將會很艱辛。例如高雄港地理位置的優越性毋庸置疑，但是貨櫃裝卸量

（Container Cargo Shipment on Loading and Unloading）卻始終無法超越新加坡或香港，因此，高雄港的貨櫃裝卸效率必須加速改善以提高國際核心競爭力。

亞太營運中心計劃與推展係一項國際性國家競爭力的總戰力計劃，是以先進國家爲我們努力的標竿，不斷自我變革與挑戰。因此，亞太營運中心的推動是將國內經貿活動與國際經貿活動結合在一起，並與所有的國內規範與國際遊戲規則接軌，使得國際企業來台灣經營能立即適應台灣市場的環境與特性，唯有如此，台灣方能成爲亞太營運中心。

因此，筆者認爲台灣必須依得天獨厚的地理位置加入「亞太行銷中心」的建構，才能打敗東京、香港、上海與新加坡。此種行銷商策略就是以「優勢台灣」、「變革台灣」與「轉型台灣」的經貿優勢爲前鋒，以進行全球商戰的實戰操作，將台灣眞正推上世界企業與國際經貿的舞台。

筆者認爲：台灣如要成爲亞太營運中心，必須首先要成爲亞太財經金融中心與亞太貿易行銷中心。因爲台灣地緣關係，位處亞洲及太平洋商戰中心點，東邊是太平洋夏威夷與美國西岸；西邊是中國大陸；南邊是香港、新加坡與東南亞各國；北邊是日本與南韓。正因爲如此的得天獨厚之市場優勢與行銷利基，台灣必定可發展爲全球行銷的穿梭市場。

更進一步而言，號稱亞洲四小龍的台灣、香港、新加坡、南韓兩條大龍的日本與中國大陸等都能成爲台灣在開發國際市場商機的整合戰力（intergrated Forces）。因此，台灣要走出國際行銷舞，台，必須自我定位爲亞太貿易行銷中心與亞太穿梭市場。而亞太財經金融中心一定要先行建構完成，方能達成亞太空運中心、亞太海運中心、亞太製造中心、亞太媒體中心以及亞太研發設計中心。進而才能達至亞太營運中心的終極目標。

另外一方面，在建構亞太財經金融中心之前，台灣必須運用境外金融中心的實戰操作，進一步使得財經國際化與金融全球化。茲將台灣企業如何運用境外金融中心行銷國際市場的實戰策略再詳細敘述如下：

境外公司（Offshore Banking Unit/OBU）亦稱爲境外控股公司、境外金融中心或國際金融業務分行，其主要業務乃提供台灣企業金融融資與全球市場轉開L/C及Usance L/C（遠期信用狀）之金融貿易服務，以利台灣企業邁向國際市場並建構台灣企業國際化之全球財經體系及國際經貿活動之金融操作業務。換言之，OBU完全是一個會計完全獨立的國際金融業務單位，在政府給予特別之法令規範下，從事境外金融之外匯業務。因此，OBU境外金融市場具有以下三種特點：

●必須是登記在國外之公司（如新加坡或巴拿馬公司），或是持外國護照的外國人方可在國內的銀行開立OBU帳戶；OBU戶頭之交易不受中華民國境內金融管制法令之限制，可辦理進口開狀及出口押匯。

●存款利息免稅，OBU本身免繳營利事業所得稅，營業稅及印花稅。

●除非依法院或法律規定，否則第三人無提供資料之義務。

由以上觀之，可見境外公司（OBU）都設於低稅國家或免稅地區及國家，例如：巴拿馬、維京群島（BVI）、巴哈馬、紐埃等，一般亦稱爲「境外金融中心」（Offshore Financial Cener）或「免稅天堂」（Duty-free Paradise）。

二、台灣邁向亞太營運中心之口戰策略

二〇〇一年八月中旬的一個上午，旭日剛亮東昇的陽光，台北某五星

級的國際觀光飯店內五〇一號客房中，一家美商銀行香港分行一名主管正爲兩名來自台灣的客戶辦理外幣買賣帳戶開戶，三人均說華語，儘管口音南腔北調，但總歸還是中國話，溝通無礙；下午，這名香港人又拎著八寶箱（國際行銷商戰人士所提的手提箱），搭機南下高雄，爲幾位經由舊有客戶散發DM所拉到的新客戶服務（銀行的DM行銷業務效果卓著）；次日一大早，這名香港人帶著逾百萬美元的資金搭機返回香港；一天之後，這幾位台灣人的數十萬美元資金，便匯入國際資金的熱錢當中。

然而，從表面上看，這項個案只是幾位台灣人爲自己的資金找尋收益較高的「投資管道」（Investment Channel），實際上卻是全球資金爭霸戰的一役；如果翻開亞太商戰實錄，不難發現，一向是東京香港、台北、新加坡四分天下的局面，這正因爲在亞太地區的經貿戰略與國際行銷活動均以日本、台灣、香港、，新加坡爲主軸。

筆者在台灣土生土長，其後又走訪日本、香港、新加坡、韓國，並參觀新加坡的世界貿易中心（World Trade Center）、樟宜國際機場、新加坡港（以國際貿易商品之貨櫃裝卸與貨櫃船之吞吐量而言，新加坡的樟宜國際機場之設備、規模、資訊、效率，則在亞太地區尚無出其右；因此，日本爲了急起直追，已完成了新機場的啓用；香港爲主要亞太地區之轉口港、香港啓德機場已不敷使用，故另建新機場以擴充軟硬體設備，俾能在亞太營運中心之爭奪戰中脫穎而出。

對台灣而言，桃園中正機場必須強化軟體與硬體設備、飛安系統必須力求安全、完善；要不然，台灣必須另外重建國際型更龐大的機場，這對台灣欲發展亞太空運中心必然是當務之急。

茲將亞洲四小龍之經貿戰略與其成爲亞太營運中心之優勢、劣勢、機會與威脅（SWOT戰略分析）再詳細分述如下：

綜觀以上所述，當前台灣欲成爲亞太營運中心，必須強化以下各項重要課題：

- 強化海運：擴建高雄港、台中港與基隆港，成爲亞太海運中心。
- 強化空運：擴建中正機場，成爲亞太空運中心。
- 強化行銷：增強國際行銷戰力成爲亞太國際行銷中心。
- 強化製造：提升製造生產力與品管QC國際認證ISO-9000，ISO-9001，ISO-9002，ISO-14000成爲亞太製造中心。
- 強化媒體：提升媒體企劃、管理、投資成爲亞太媒體中心。

亞洲四小龍之經貿戰略				
四小龍	貿易優勢	經濟戰略	目標市場	外匯存底排名
台　灣	OEM貿易	行銷導向	歐洲、日本、美國、中國大陸	1
香　港	轉口貿易	投資導向	中國大陸	2
南　韓	出口貿易	出口導向	歐洲、日本、美國	4
新加坡	代理貿易	併購導向	歐洲、美國、日本	3

議題 18
亞洲四小龍的國際商戰與核心競爭力

一、亞洲四小龍的行銷再定位

環顧世界經濟共同體之運作，自一九九〇年代（一九九〇至一九九九）以來，國際經濟體制出現了極大的變化，亦即世界經濟的舞台由原來的歐洲、美國而邁入亞洲經濟共同體的領域。

另方面，回顧一九七〇年代（一九七〇至一九七九）至一九八〇年代（一九八〇至一九八九），由於歐洲與美國的國際商品來源（International Merchandise Sources）大多以OEM方式下訂單，因此，諸如台灣、香港、韓國、，新加坡等，都以接OEM國際訂單爲國際行銷之主流，尤其台灣在國際OEM訂單之供應，實爲其他三小龍所望塵莫及。

正因爲如此，一九七六年歐洲各國即以亞洲四小虎（Four Little Tigers）

尊稱台灣、香港、韓國、新加坡等之經貿成就。其後，美國隨即改稱爲亞洲四小龍（Four Little Dragons）蓋此乃「小龍」（Dragon）在美國已相當風靡之故。

綜觀以上所述，台灣、香港、韓國、新加坡雖然爲亞洲四小龍，然而，各國均爲互相競爭的市場態勢，尤其以國際貿易與國際行銷活動而言，更是歐洲、美國Buyer的供應市場（Supplying Markets）。凡是歐洲、美國、澳洲、加拿大的國際買主（International Buyers）到亞洲地區從事經貿活動，均以亞洲四小龍、兩條大龍（日本、中國大陸）爲主要供應市場，尤其OEM訂單更是完全倚賴亞洲四小龍與中國大陸之製造與供應。

因此，從國際市場之競爭觀點而言，台灣、香港、韓國、，新加坡都盡量不互相報價，除非以互通有無的國際貿易關係，始可進行雙邊貿易，或多邊貿易。例如韓國向台灣進口香蕉；台灣向韓國進口人蔘；而台灣與香港的國際行銷活動都僅限於轉口貿易，其最終目標市場或原始市場（original Market）均是中國大陸。

基於以上各項分析，其最主要的原因在於亞洲四小龍在經濟結構上都屬於新興工業化國家（New Industrialized Countries/NIC）之階層，比已開發工業化國家（Developed Countries），如歐洲、美國、日本、加拿大、澳洲等略遜，比開發中國家(Under Development Countries)如印度、印尼、馬來西亞、泰國、菲律賓、越南、高棉等強很多。因此，在國際行銷活動經驗中，假如台灣向香港或韓國報價電子手錶或電子消費品（Electronic Consumer Goods），則一星期內，在國際市場即有香港貨、韓國貨，而國際價格即比台灣貨低二十個百分點（20%）。因此，亞洲四小龍彼此之間即為競爭激烈的供應市場。茲將亞洲四小龍的國家競爭力以排行榜再詳細敘述如下：

二、APEC亞太經濟合作會議

在一九九五年日本所舉辦的亞太經濟合作組織高峰會議中，台灣的經貿活動確實在此次會議中成了主要的議題與討論事項，正如台灣在多年前即積極申請加入GATT一樣，亞太經濟合作組織高峰會議亦特別審查台灣代表的人選，因而引起包括我國、美國、中國大陸及日本的特別關切。由此可見，亞太經濟合作會議實關係著台灣在亞太區域經貿活動的命脈與前途。

茲將亞太經濟合作組織之內容、功能、成員及其對亞太各國經貿活動的影響——詳細介紹如下：

亞洲四小龍為亞太營運中心之SWOT戰略分析				
四小龍	優勢 Strength	劣勢 Weakness	機會 Opportunity	威脅 Threat
台　灣	地理位置與OEM貿易特優	海、空運、金融行銷較弱	海運、空運、金融行銷再加強	可威脅其他三小龍之OEM生意
香　港	海運、空運、金融貿易特優	OEM貿易較弱	加強OEM及R&D戰力	可威脅其他三小龍之轉口貿易
韓　國	貿易、生產力特優	行銷、金融、外匯、海空運弱	強化海、空運行銷及金融	可威脅其他三小龍之製造生產力
新加坡	金融、海運、空運、外匯待優	OEM貿較弱	加強OEM及轉口貿易	可威脅其他三小龍之投資與行銷

亞洲四小龍在全球競爭之國家競爭力排行榜				
國家(地區) 名次 項目	台灣	香港	新加坡	南韓
國際化程度	10	1	2	11
管理戰力	8	3	4	10
總體經濟環境	3	2	1	9
公共建設	9	12	6	10
政府政策與效率	9	2	6	10
技術理境	9	7	6	10
人力資源素質與市場	14	7	8	10
資本形成與資本市場	6	3	1	12
總體競爭力排行榜	9	1	3	11

資料來源：行政院經建會「我國國際競爭評估之研究」

亞太經濟合作組織會議（Asia-Pacific Economic Cooperation/APEC）係由澳洲前總理霍克在一九八九年一月提出來的構思與創意，以亞太各國之經濟合作與經貿行銷活動爲互惠交流之主軸，其對於很可能在亞洲太平洋地區明顯活躍的美國，以致對有大國主義型秩形成動向的中國大陸，發揮出抑制作用。

因此，亞太經濟合作組織會員國都是亞洲暨太平洋地區各國成員，其中包括有澳洲、紐西蘭、日本、韓國、中華民國、香港、馬來西亞、新加坡、菲律賓、泰國、印尼、中國大陸、美國等。至於美國的加入主要在於亞太各國都與美國有極密切又微妙的經貿活動與國際經濟合作；另外一方面，亞太經濟合作組織爲一泛政治化的經貿組織，常有「會外會」、「雙邊」或「多邊」的會員不但就國際經濟、貿易、行銷、投資、管理、併購等議題交換意見，同時，亦在「會外會」中就國際政治、國際局勢、世界潮流等敏感政治性問題互通款曲，利益輸送、交換政治性、外交性，甚至軍事性之各種條件與情報。

綜觀以上所述，吾人可發現在亞太經濟合作組織中的會員國，即數美國、中國大陸、日本、中華民國為最具敏感身份的成員，尤其在一九九五年日本大阪所舉行的亞太經濟合作組織會議中，由於中國大陸向美國及日本施加政治上與外交上的雙重壓力，對於中華民國出席與會的人選一直存有意見與反對的抵制行為，此即為泛政治化的明顯表徵。

以下即為亞太經濟合作組織下，中國大陸的三個三角形戰略架構：

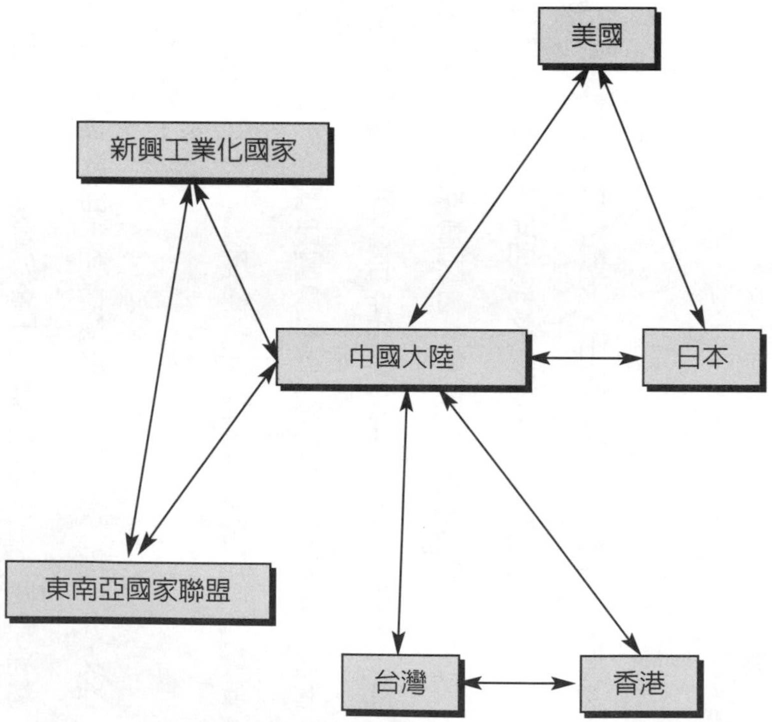
美國
新興工業化國家
中國大陸
日本
東南亞國家聯盟
台灣
香港

三、台灣出席亞太經合會議的謀略實戰

由這次（二〇〇一年十月）在上海的APEC會議可知，中國大陸向來都是要致台灣於死地。每屆的APEC會議，中國大陸不是刁難，就是打壓。因此，筆者認爲：台灣出席PAEC會議必須有勇有謀，才能在國際經貿舞台上不致被欺負。

綜觀以上所述，從二〇〇一年開始，海峽兩岸必定WTO與APEC更加水火不容，互別苗頭。因此，台灣的策略必須有硬有軟，硬中帶迴旋空間；軟中帶威脅逼進，這樣方能在國際經貿舞台中創造有尊嚴、有地位的主導風格。

四、行銷大台灣的利基戰略

由於整體行銷（Total Marketing）的創新理念與市場競爭態勢所帶來的狹隘市場，促成行銷戰力趨於競爭導向（Competition-Oriented）的競爭行銷策略（Competitive Marketing Strategy）。因此，企業在擬訂市場經營策略與行銷策略時，必須考慮下列四種因素：企業經營目標與行銷目標，顧客需求，競爭者之動向，經銷網之建立。由於在市場競爭中，最重要的顧客與競爭者均涵蓋於市場定位的目標市場中。因此，企業的行銷戰力應採取推銷顧客與差異競爭者的策略，方能運用企業整體實力以滿足顧客最佳的需求，此種搭配整合在行銷實戰策略中即稱爲企業經營目標、顧客、競爭者全方位之「競爭行銷策略金三角」（Competitive Marketing Strategy Golden

Triangle）。

台灣企業在國際市場爭中可採用以下之市場作戰策：

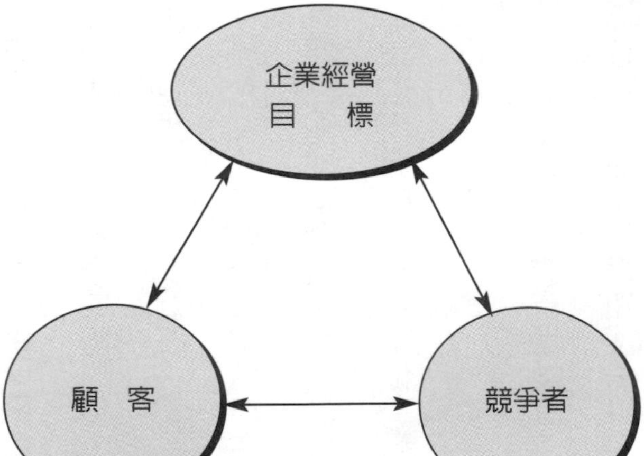

- 將產品與服務做差異化行銷（Differential Marketing）。
- 將市場再定位，使原來之市場競爭態勢改變，則在改變後的市場競爭態勢中，再採用「否定市場競爭態勢」以及「再定位策略」。
- 將國際市場通路差異化，改變原來行銷通路之特質與功能，使國際行銷通路之鋪貨實體分配與物流管理產生新革命。
- 將國際商品以參加國際商展的方式再定位，尋求國際市場利基與切入國際目標市場之機會點。

產品生命週期的理念是必須以實戰的市場推廣活動再搭配行銷時間。因爲在產品上市前，照理論是無法預先得知某一特定產品將位處於那一階段。然而，在行銷實戰中，可藉由一種所謂角色扮演（Roll Playing）與沙盤推演（Workout Operation）的實戰整合，以透明膠片劃上產品生命週期圖之實戰市況，並配合原先已完成之預估性質的產品生命週期，這樣即可很容易地、快速地推算出某一種特定產品應在哪一個階段。例如上市期是何年何月何日，產品到了成熟期應是何年何月何日（預估），因爲產品生命週期愈來愈短，以品爲例，幾乎一個半月即演變一期，如果消費品上市到衰退，則實際需時僅須花個月時間。而工業製造品幾乎平均三個月演變一期，因此，從上市期到衰退期，則需時一年左右即到達衰退階段。

嚴格說來，在產品衰退的某一點，企業必須考慮到淘汰產品的問題．當某一產品已步入產品生命週期末期而勢必遭到淘汰時，行銷人員必須壯士斷腕而割愛，因爲這樣一來，可以將企業大量的資源釋放，轉用於其他更有利的產品上。

此外，商品概念與商品企劃（Merchandising）亦應納人產品生命週期之各期策略中。此處所謂的商品概念，是指商品全盤性行銷戰略的基本概念，與單純針對商品本身導出的概念是不盡相同的。以此商品概念爲中心，再透過商品定位的確立與消費者的確定二層的過濾，形成尖銳的戰略概念，而在過濾時所考慮的因素有時也能直接轉變成戰略概念（Strategic Concept）。

在戰略概念確定後，緊接著便是促銷策略的企劃與新產品行銷通路之安排與鋪貨。所謂促銷戰略（Promotional Strategy/SP），包括廣告表見戰略（Advertising Presentation Strategy）、媒體戰略（Media Strategy）與物流戰略（Logistic Strategy）等，而在戰略概念中，原本居重要地位的包裝與品牌命名，其重要性也日益加強。

一般而言，具成功與效力的促銷活動，商品本身已經媒體化，在戰略概念確定後，以整體行銷之綜效而言，實際上就是商品化作業的延長，就實質意義上而言，企業製造商品，也就等於製造戰略（Making Strategy）。

另方面，國際行銷人才亦必須防範國際市場競爭者之因應策略，通常其作戰策略可分爲下列三種：

- 產品活化（Product Upgrade）
- 市場活化（Market Upgrade）
- 通路活化（Channel Upgrade）

基於以上三種作戰策略，可統稱爲所謂的「行銷活化策略」（Marketing Upgrading Strategy）。

環顧全球企業的脈動，日本企業的國際行銷網遍佈全球，所謂「日本商社人二十四小時商戰實錄」，其充分表現出國際行銷的團隊精神，每個地區的行銷站都派有一流的國際行銷高手，透過東京總部的全球商戰情報中心，以傳眞（FAX）、E-Mail、行動電話、電子商務e-Commerce、電子化行銷e-Marketing、網路通訊，以及PDA折衝世界市場，展開一系列的國際行銷戰，因而成爲「世界貿易巨人」及「經濟動物」。因此，日本有限公司（Japan Inc.）也就成爲日系跨國企業的代名詞。

綜觀以上所述，筆者認爲：一流的國際行銷人才加上國際市場情報，即成一流國際行銷商戰的決勝武器。

另方面，由上述日本企業在全球商戰的實例中，希望能爲台灣企業帶來生機、轉機與契機。對台灣企業全球化（Globalization of Taiwan Business）將會有所借鏡與啓示。所謂「日本能，我們台灣爲何不能？」從此，應該改爲「日本能，台灣更能。」（Yes, We can）

五、台灣軍國際市場之物流戰略

在國際市場行銷商戰（International Marketing Warfare）中，除了價格戰可能會影響國際市場競爭態勢與國際行銷業績之外，其最重要的國際行銷決戰條件可以說國際行銷物流戰略（International Marketing Channel Management Strategy）。換句話，說在國際行銷通路中的角色與功能除了國際市場批發系統（Wholesalig System）與零售系統（Rertailing System）之外，就屬行銷通路焦點（Channel Focus）的物流管理。一般而言，此種稱謂亦可稱爲國際市場實體分配（Inernational Market Physical Distribution）。

以台灣市場爲實例，諸如萬客隆、遠東愛買（Hypermarket）、高峰百貨等都是最典型的批發系統；而在物流管理中最重要的決戰要即是商品企劃

（Merchandising）、連鎖經營（Franchising）、活動行銷（又稱為事件行銷，Event Marketing）、倉儲（Warehousing）、運輸（Transprotation）、保險（Insurance）、促銷活動（Sales Promotion/SP）等諸大決策。茲將國際市場實體分配之定義再詳細敘述如下：

所謂「國際行銷物流管理」（International Marketing Channel Management）或稱為國際市場實體分配（International Market Physical Distribution），係以運輸為主要核心，加上其他倉儲、物料管理、存貨管理、溝通、協調、訂單處理、材料驗收、包收及一般管理工作等附屬功能，所形成的整體配送國際市場商品給顧客的系統流程。

然而，在實戰型的國際行銷通路中，物流管理或實體分配比較著重商品企劃、運輸、倉儲、停車場、保險、存貨管理、貨架管理、商品條碼管理與商品的促銷活動等諸大要項。此蓋因物流管理爲企業在擬訂全方任行銷策略時，占有相當重要的一環。多年前，幫寶適嬰兒紙尿褲，由於市場缺貨，行銷通路的實體分配頓時陷於困境，這或許是該公司在推出價格戰的策略所付出的代價吧！由此觀之，一套良好的實體分配作業，可能加速商品送到客人手中之時間，增進顧客信心與好感，從而降低成本、提高顧客滿意程度，達致顧客滿意行銷（Customer Satisfaction Marketing/CS Marketing）之目標與境界。

由於未來的行銷戰係結合了服務、商品、傳播、廣告、企劃、通路、促銷、定位、Event等之全方位市場作戰，因此，行銷人員對於服務顧客之層面實應全力強化。例如近年來有一種結合郵購行銷（Mailorder Marketing）的快遞服務（Express Service）、專業服務客戶運送文化、商品、包裹等。

其中最著名的公司當屬UPS、DHL、快捷、上大郵局等。

實體分配乃由美國傳入日本後，隨即衍生出物流整套服務系統，此乃實體分配實際作業系統，是透過倉儲功能創造了時間效用，再進而透過運輸功能，創造了空間效用，進而可強化企業在市場行銷戰中的優勢定位。一旦企業在市場掌控了優勢定位（Advantaged Positioning）則市場利基（Market Niche）與行銷定位（Marketing Positioning）隨即確立無疑。

由此觀之，實體分配或物流管理一定影響企業的行銷組合與市場定位；特別是產品企劃、訂價策略與行銷通路。因此，實體分配的目標與決策顯得格外重要。另一方面，實體分配在整個公司的行銷成本上所占的比例確實相當龐大，因此當某一行業的實體分配功能運作不彰時，隨即會使製造成本、行銷成本、訂價與最終的零售價格之間產生相當大的出入。茲以台灣出口行銷到美國市場爲例，在台灣出口銷之外銷報價爲FOB US$5/PC，則在美國市場之零售價格居然高達FOB×6.8之譜。如以CIF爲外銷報價CIF US$6.8/PC，則美國市場之零售價爲CIF X5.2左右，其中CIF與FOB之間乃係保險費與運費之因素所佔的成本。

六、全球運籌管理戰略

以商品實體分配的觀點而言，實體分配的主要目標，不外乎下列幾種：

- 適時（準時與及時）將商品送達目的地或顧客手中。
- 降低運輸成本，因爲運輸成本亦屬行銷成本之一。
- 保護商品在運輸過程中完好如初，絲毫不能損壞。

當然，在上述這些目標當中，有些目標會互相發生顧此失彼的矛盾現象。例如：運輸成本降低，由於限難做到保護周到之責任，可能會提高商品損壞率與風險；運輸成本最低時，運輸商品之時效亦可能降低；如果一味追求高效率之運輸服務，亦勢必將會提高成本等難以擺平的棘手問題。因此，企業在針對每一特定商品實施體分配時，行銷人員必須自行擬訂一套最適當的目標組合（Workable & Objective Mix），使運輸成本、運輸時效與運輸商品之狀況，能夠達致最良好、妥善之組合，並使商品運送至目的地時能完好無缺（In Good Condition）。

實體分配既然爲行銷組合中行銷通路策略最具重要的一個環節，則其運作實務應該符合企業整體行銷策略之需要。特叩是實體分配之成本，因此，行銷人員應將成本與客戶服務兩者加以評估，互相之間求取平衡。因此，商品送達速度、可靠度、服務便利、顧客滿意、安全性等。應與降低運輸成本同時加以考量，採取折衷方式處理，才是最具效率的物流管理。

供應商運用實體分配之組織所提供之服務，以協助他們儲存與運送商品，使其能適時地供應到顧客手中。因此，行銷人員在規劃實體分配系統時，應著重在決策面之強化與執行面之推展，這將對顧客之吸引力與滿意程度具有非常大的影響。

由行銷本質之觀點而言，在行銷觀念中愈來愈重視實體分配的理念。實體分配具有節省成本與改善顧客滿意程度的潛在作用。當訂單處理、倉儲規劃者、存貨管理者，以及運輸管理者等在擬訂決策時，往往會影響到彼此的成本與需求創造的能力。因此，實體分配的理念要求必須將所有這些決策都放在一個統合的架構中來制定。正因爲如此，實體分配的任務乃在於在既定的服務水準之下，行銷人員設計出最低成本的實體分配所運作出的一切措施。

在服務行銷（Service Marketing）之理念與運作下，實體分配的本質乃位取行銷通路中的要津，其角色扮演必須著重在企劃、執行與控制等整合之物流管理。因此，實體分配的本質與角色亦可詳細介紹如下：

所謂實體分配（Physical Sistribution）涉及規劃、執行與控制物料的實體流程，以及將最終商品從原始產地運送到使用地點的整個流程，其目標在於符合顧客的需要與滿意。由於全球現代科技的突然飛猛進與國際市場的激變幅度甚大，促使國際行銷實體分配在國際行銷所占的地位也愈來愈重要。不論從降低國際行銷成本或是由提高對國際顧客的服務水準而言，都是國際行銷實體分配與物流管理的切身問題。

因此，國際行銷人員必須設計如何處理訂單、出貨、驗貨、嘜頭（Shipping Mark）等物流管理之第一線作業，方能達成建立倉儲作業系統、保持最適當之存貨安全存量以及選用最適當的運輸工具，以減低物流成本。例如，在國際行銷實戰中，進口國之批發商或零售商，往往採用「發貨倉庫」（Merchandising Warehouse）之物流管理，以求達到倉庫對倉庫（Warehouse to Warehouse）之物流體系的建立。更進一步地說，倉庫對倉庫指貨物由出口地之倉庫一直運送至進口地之倉庫爲止的漫長實體分配系統，均由國際行銷物流管理體系負責經營與運作。

七、國際企業行銷國際市場通路的要角——國際理貨運輸公司與報關公司

一般而言，就國內貿易與國際貿易之貨運物流來看，在貨物運送至買

主（顧客）的過程中，出現有二大類之運送媒介常爲其客戶提供相當周全的服務；此二大類的仲介者在台灣市場都被稱爲貨運公司（如大榮貨運）與報關行（如理想報關行）。

然而，在國際市場行銷商戰中，此兩種服務業所扮演的角色與功能實際上不同於台灣市場所稱的報關行。爲了更進一步地闡述此種國際理貨運輸公司之特性、功能與貢獻，茲再將此種行業之意義詳細敘述如下：

所謂「國際理貨運輸公司」英文習慣稱爲「Forwarding Agent」，在美國亦慣稱爲「Forwarder」，係一種專業爲國際行銷公司與出口廠商運送國際商品、製作文件、辦理進口以及出口報關、檢驗貨物以及運送樣品的綜合服務公司。

國際理貨運輸公司是以最經濟有效的方式，爲出口商與外銷廠商執行所有的貨物運送至海外市場或全球市場目的地所需的實體運輸。同時，由於海運與空運貨物所需的運輸程序及出口貨物相關文件，因此，國際理貨運輸公司可同時爲海運及空運的貨主（**Shipper**）運送貨物並提供相當令顧客滿意的服務；其中包括運送快捷之貨物與樣品、到船公司提領海運提單（**Bill of Lading, B/L**）或到航空公司提領空運提單（**Air Waybill/AWB**），甚至此種國際理貨運輸公司能代理航空公司簽發空運提單的業務，協助空運貨物（**Air Cargo**）簽發空運提單（**House AWB**）。

其次，另一種仲介服務業即是台灣市場慣稱的「報關行」。茲將報關行之意義及其功能再詳細敘述如下：

所謂「報關行」（**Custom Broker**）係專業爲國際貿易公司、出口廠商、進口商、代理商或國際行銷公司服務進出口報關、簽證、押匯、製作押匯文件及匯票、簽下貨單（Shipping Order ,S/O）等之仲介服務業。

報關行專門與海關（Custom House）打交通，當然，在實戰運作上，報關行同仁甚至老闆常與各海關經辦人員或驗關海關關務人員有所交情；運送公關做事情也是人之常情，商場上都是這樣的情況，不足爲奇！

綜合以上所述，國際理貨運輸公司對出口行銷之貢獻大得多；而報關行對出口行銷與進口行銷之貢獻大都是一致的，不分軒輊！此兩種國際行銷實體分配之服務確實在國際行銷商戰中貢獻良多。

http://www.全民拼經濟.com

議題 1 議題 2 議題 3 議題 4 議題 5
議題 6 議題 7 議題 8 議題 9 議題 10
議題 11 議題 12 議題 13 議題 14 議題 15
議題 16 議題 17 議題 18 議題 19 議題 20

議題 19
全民拼經濟的策略願景與價值鏈

近幾年來，國人的價值觀已轉變爲「撿現成」、「速成」、「快賺錢」、「賺大錢」的所謂「變調式價值觀」。其實，這也難怪國人都想一夜致富的感覺與快感。因爲日子實在難過！

因此，在全民拼經濟的策略意圖、策略思惟、策略規劃與策略執行的一連串模式下，「賺錢」就是唯一的致富目標。然而、賺錢也要靠眞本領與運勢。

茲將知識經濟時代的經濟知識價值鏈以圖敘述如下：

全球知名度頗高的國內廣達電腦公司，其經營成功的主要因素即是該公司董事長林百里本身的經營特質，此項特質很符合戰略性經營管理策略的精髓。茲將其經營秘訣詳細敘述如下。

林百里董事長將它稱爲VIP三大階段。第一階段是Vision（願景），創業

知識經濟時代的經濟知識價值鏈

(Economic Knowledge Value Chain for Knowledge-based Economy Era)

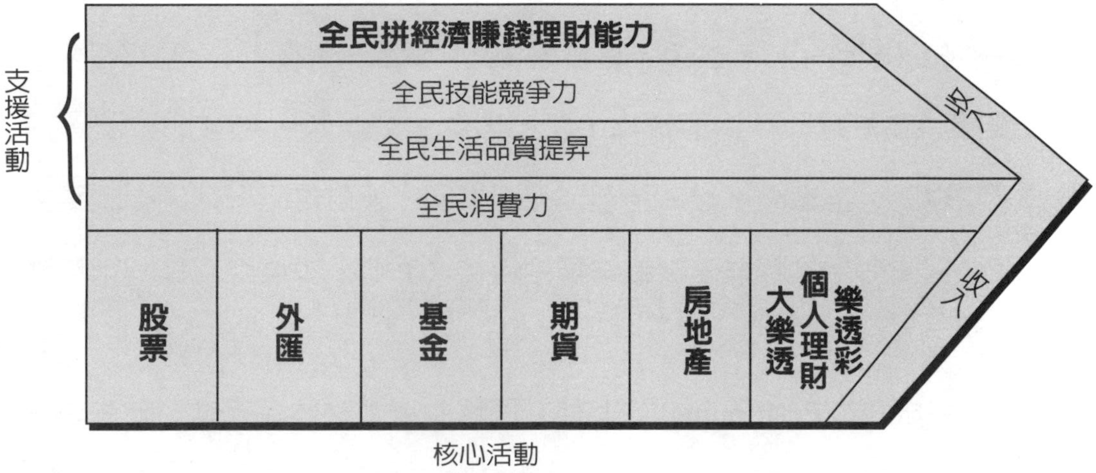

資料來源：許長田 教授研究心得與實戰經驗

http://www.marketingstrategy.bigstep.com

E-mail:hmaxwell@ms22.hinet.net

者對新行業、新產品要具備理念，不只要看好它，還要有獨特的見解。

第二階段就是Integration（整合），有了創意之後，還要整合公司不同的企業資源（包括人力、財力、物力、企業文化與經營理念），因爲企業是個企業體，新事業從萌芽到成長，除了研發人員之外，還需要行銷、業務、人力資源、財務等人才，才能成爲完整的人才濟濟的企業。在這個階段，領導人不金要有願景，還要有領導能力來整合，很多公司就是在這個地方失敗的。

第三階段就是Positioning（定位），創業者或經營者如何爲公司定位？在整個產業生態中，公司要如何生存？這是很困難的一件事，只要VIP三個步驟都做到了，都做對了，其他的事情就易如反掌了。

從廣達電腦董事長木百里的理念中，我們可瞭解到企業成功的核心要件（Core Factors），主要來自企業創辦人與企業領導人的心態、性格、理念、爲人、人品、作風、策略，以及其在企業體中的管理風格（Management Style）。

因此，成功的企業在企業全球化競爭的整體作戰中，必須尋找出一個獨特的優勢定位，以便與競爭者做長期差異定位競爭（Long-tem Differential Positioning Competition），並由此種差異化策略中獲取競爭優勢（Competitive Advantages）以及市場利基（Market Niche）。

更進一步說，企業在擬訂經營策略時，必須先分析企業競爭環境的S.W.T.O關鍵因素。S即是Strength（優勢）、W即是Weakness（劣勢）、O即是Opportunity（機會）、T即是Threat（威脅）。

企業策略企劃決勝千里

企業策略企劃可使企業經營者或CEO運籌帷幄，決勝千里。所謂企業策略企劃又稱爲策略規劃（Strategic Planning），只是企業策略企劃是比較以「實戰」的角度而言。策略企劃的要點，在於企劃企業不斷變動的策略衡力與策略能量。而其基本假設，則係認爲過去企劃作業所運用的延伸法預測，於今已嫌不足。

由於以往的預測與未來的動向，均將出現不連續的變動，因而企業機構必須做策略的調整。所謂策略的調整，是指調整企業的策略衡力或經營方針，使企業機構邁向一個新的產品市場組合的領域。例如企業體的研究發展（research & Development/R&D）能力的提昇，便可作爲調整企業策略能量的典範。

另外一方面，企業體中的行銷策略（Marketing strategies）即是帶領企業獲利的唯一指標。這正是所有的企業策略中，最重要的兩大支柱即是經營策略（Management Strategies）與行銷策略（Marketing Strategies）。企業策略係屬於公司定位的策略，其次就是事業定位的策略，接著便是市場行銷的策略，最後就是營業戰力策略（Sales Forces Strategies）。

綜觀以上所述，只要企業體一切的行銷策略都非常明確，市場相關領域的行銷團隊（Marketing Team）便不會無所適從；企業經營的目標在哪裡，應該往哪個方向走，該如何進行推動，企業體自己要有能力決定，以便帶領本身企業更上一層樓，例如企業轉型、企業改造、企業再定位等等策略，這樣，企業經營方能達致永續經營（Going Concern）。

當我們從行銷體系中分析的結果，導出公司的策略管理過程，確定公司未來之總資源分配計畫後，還應利用它，導出特定產品市場之市場切入機會、行銷定位、行銷執行方案，以及行銷控制方法，以達成公司業績目標。

正因爲如此，企業策略的構思、擬訂與發展係日新月異的衍生機能。例如，二十一世紀知識經濟管理的時代，全球企業的策略思維應著力於企業如何邁向知識管理（Knowledge Management）與企業如何全球化的實戰策略。所以，企業策略的擬訂應隨著經營環境與市場競爭態勢而隨時調整，因人、因時、因地而制宜。茲將企業策略的種類詳細分述如下：

表2-1　「產品─市場」擴展戰略矩陣

市場＼產品	舊產品	新產品
舊市場	1.市場滲透	3.產品開發
新市場	2.市場開發	4.多角化

企業密集成長策略

所謂「密集成長」策略係指在目前的產品及市場條件下，設法發揮力量，整合企業資源，充分開發潛力市場。其依「產品─市場」的發展組合可以導出下列經營戰略。

●市場滲透（Market Penetration）戰略：

係指以舊產品在舊市場上，增加更積極之行銷戰力（Market Forces），以提高行銷量與值（行銷業績與行銷利潤）之實戰謀略。其可能性有三種：第一爲增加公司的顧客，例如鼓勵增加購買次數與數量，及鼓勵增加消費之次數及數量；第二爲吸引競爭者的顧客；第三爲吸引游離購買之新顧客。

- 市場開發（Market Development）戰略：係指以舊產品在新市場上行銷，以提高行銷業績與行銷利潤之實戰謀略。其可能性有二：第一爲開發新地域性之區隔市場，以吸引新顧客；第二爲開新市場優勢（在原來之區隔市場上），例如發展新產品特性以及吸引新目標市場顧客，以進入新的行銷通路，或使用新廣告媒體等。
- 產品開發（Product Development）戰略：係指在舊市場推出新產品，以提高行銷業績與行銷利潤之實戰謀略。其可能性有三：第一爲發展新產品特性或內容，例如用適應、修正、擴大、縮小、替代、重新安排、反面反排，或以上各種綜合方法來改變原來的產品外型或產品功能；第二為創造不同品質等級的產品；第三為增加原產品的模式及規格大小。因此，開發新產品等於創造新市場及新顧客，係屬於很重要的企業成長策略。

● 多角化（Diversification）戰略：係指公司開發新的產品，開發新的市場以增加市場行銷業績與行銷利潤之實戰謀略。（註：此策略並不屬於企業密集成長策略，而是企業滲透開發策略）。

企業整合成長策略

所謂企業整合成長策略，係指移動本公司在行銷體系向上、向下或向水平方向發展，以提高效率及控制程度，並導致行銷業績與行銷利潤之增加的實戰謀略。向上發展亦稱為上游（或向後）整合（Backward Integration）；向下發展亦稱為下游（或向前）整合（Forward Integration）；向水平發展亦稱為壟斷整合或水平整合（Horifontal or Monopolistic Integration）。茲略加說明如下：

- 向上游整合（Backward Integration）戰略：係指控制原材料或零配件供應商體系，使其與本公司在所有權或產銷活動上結成一體，以提高經濟規模與市場規模。
- 向下游整合（Forward Integration）戰略：係指控制成品配銷商體系，使其與本公司在所有權與產銷活動上結成一體，以提高經濟規模。更進一步地說，向上整合或向下整合，都能使公司的業務種類及範圍多樣化及擴大化，以提高經濟效率。

● 向水平整合（Horizontal Integration）戰略：係指控制立於平行地位之競爭者，使其與本公司的產銷活動採取一致之行動，減低市場競爭壓力，並擴大經濟規模。當然，過度的水平整合會造成市場壟斷局面，對顧客不利。

多角成長策略

所謂多角成長策略係指公司超越目前行銷體系之外，同其他行業或產品項目發展之實戰謀略。通常都是在認爲密集成長或整合成長策略比較差時，才會採取此多角化成長策略。多角成長策略之組成要素有技術、行銷及顧客。以此三要素可組成三種多角化成長策略。

● 集中多角化策略：係指增加在技術上或行銷上與目前原有產品種類有關之新產品的投資實戰謀略。這些新產品通常又提供給新顧客使用。

●水平多角化策略：係指增加在技術上與目前原有產品種類無關，但銷售給原有顧客之新產品的投資實戰謀略。

●綜合多角化策略：係指增加在技術上或行銷上都與目前原有產品種類無關，又不銷售給原有顧客之新產品的投資實戰謀略。通常此種成長途徑的目的在於抵消公司的缺點，或切入並可利用企業內外部環境的行銷機會。例如抵消季節變動或分散企業經營風險等等。

企業策略企劃與企業市場競爭戰略

一般而言，企業的實戰經營即是要永續經營，有些企業目標要較長的時間方能達成，例如開發新產品、研發技術創新、擬訂行銷策略、改造企

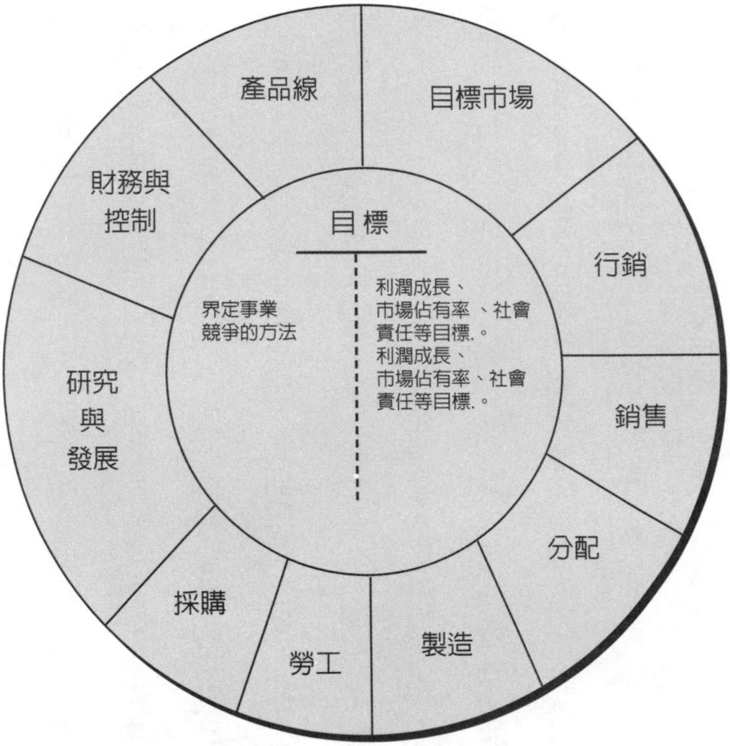

資料來源：“Michael E. Porter”“Competitive Strategy”
Techniques for Analysing Industries and Competitors

競爭策略轉輪圖

業組織、變革企業文化、開拓新的市場與行銷通路等等，有些企業投資專案必須花許多年的時間方能產生效益與回收獲利。因此，企業的年度企劃就是企業爲達成經營目標（Business Management Objectives）、實踐企業願景（Business Vision）中的一個較短期的重點計劃（Short-term Core Plans），亦是實踐企業體中，長期策略（Long-tem Strategies）的一個階段性計畫（A Stepping Plan）。

另外一方面，訂定企業年度基本策略的目的，主要是希望透過策略的推動執行以達成企業目標。並且整合企業體各功能管理部門（Functional Management Department）的資源（包括人力、財力、物力、時間），投入的方向與策略能達成一致性的共識及認同，以確保企業整體策略能有效執行，以達成終極的企業目標，完成企業願景。

成功的企業在市場競爭的整體作戰中，都能尋找出一個獨特的市場定位（Market Positioning），以期有別於競爭者，並由這種差異化策略中獲取競爭優勢及市場利基（Competitive Advantages and Market Niche）。

定位策略（positioning Strategies）可協助企業公司發展出低廉成本（cost Down）與高度強化且集中的服務，而低成本和高品質的服務就是企業生產力與企業競爭力的強勢戰力。

全球策略大師麥可．波特（Michael Porter）在其大作《競爭策略》中指出：競爭策略有三種基本態勢；整體成本的領導地位策略；差異化策略；集中式競爭策略。成本的領導地位策略可藉由低價格、高行銷量和高市場佔有率來賺取高額利潤；差異化策略係針對小的市場和低行銷量，提供高價格與高利潤的產品或服務；集中式競爭策略則針對高度集中的目標顧客群來做定位訴求（Positioning Appeal）。

因此，競爭策略是組合企業所追求的目標與欲達到生存發展的方法及政策。當然，不同的企業使用不同的字眼來代表某種特殊情況。例如，有些企業使用「使命」(Mission)或「整體目標」(Objective)以代替「目標」(Goals)；有些企業採用「戰術」(Tactics)而不是採用「動作」(Operating)或「功能政策」(Functional Policies)。然而，策略的基本觀念即是掌握在「目的」(Ends)與「方法」(Means)之間的致勝點子。

下圖即爲「競爭策略轉輪」(The wheel of Competitive-Strategy)，乃是在一頁紙上用來解說一個企業競爭策略的主要向面工具。

轉輪的車轂是企業的目標，它是企業希望用何種方式來競爭，以及其特定的經濟性與非經濟性的廣泛定義。轉輪的輻條是企業用來設法達成這些目標的主要運作政策。

換句話說，在輪上每一部首之下，個別功能領域之關鍵運作政策說明，應從企業的活動中演變出來。根據事業的本質與特性，管理階層對這些關鍵運作政策的闡明可以略調整其明確性，這些政策一旦訂定，策略的觀念即可用來指導企業的整體競爭行爲。

企業擬訂競爭策略的實戰步驟

企業在擬訂競爭策略時，必先分析企業競爭環境的SWOT重要因素。S即是Strength（優勢）、W即是Weakness（劣勢）、O即是Opportunity（機會）、T即是Threat（威脅）。茲將擬訂競爭策略的實戰步驟詳細分述如下：

步驟一 確定企業目前在做什麼

● 確認什麼是目前隱含或明示的策略？

● 隱含的假設：有關於公司的相對地位、優勢與劣勢、競爭對手及產業趨勢，應當做什麼假設才能使目前的策略有意義？

步驟二　分析目前競爭環境發生什麼狀況

● 產業分析：什麼是競爭成功的關鍵因素，以及產業的機會與威脅？

● 競爭對手分析：什麼是現有及潛在競爭者的能力與限制，以及其未來的可能行動？

● 社會分析：哪些重要的政府政策、社會以及政治因素將帶來機會或威脅？

● 優勢與劣勢：分析了產業與競爭者之後，與目前及未來競爭者相較，什麼是公司的優勢與劣勢？

步驟三決定企業目前應當做什麼

- 假設與策略的測試：與步驟二的分析比較，有關的假設如何容納到目前的策略之內？策略符合一致性的測試結果如何？
- 策略交替方案：根據以上的分析，什麼是可行的策略交替方案？（現有策略是其中之一嗎？）
- 策略性選擇：哪一個交替方案最能關係公司的處境與外在的機會及威脅？

綜觀以上所述，企業策略著重可行性與勝算性，所謂「運籌帷幄，完全是依賴完善週密的策略方能成功。

企業策略企劃的特殊定位

企業策略企劃有幾項重要的特色，茲將詳細說明如下：

● 企業策略企劃的核心主軸係策略思考與構思創意，不是制度規劃：許多企業策略的執行制度雖完備，但並不保證企業策略有效果。有些企業經營者或CEO對行銷策略頗為深入，策略構想很週密而富創意，雖然完全沒有任何策略企劃的制度，但策略依然運行靈活，績效成果完美。相反的，有些企業雖然企劃策略流程管理與制度很完整，企劃案亦甚為洋洋灑灑，然而就是因為策略不行或不夠水平及功力，終究導致因策略失敗而影響整體企業競爭力之衰退。

● 企業策略的成功完全依賴企業實戰競爭力，而不是策略企劃案或策略企劃制度：全球策略大師大前研一在他的策略著作《21世紀企業全球戰略》中曾提到「三極企業」（Triad power）的理念，又稱爲「全球三大策略地區」，亦即企業體週邊的策略合作伙伴與市場腹地的開發。英文稱爲（Global Big Three Strategic Regions）。當企業進行企業重整時，企業經營者必須將企業轉型爲跨國企業的全球化活動；而「三極企業」剛好是企業全球化的實戰執行力之成果。此種策略係以市場爲考量因素。

● 企業策略需要搭配執行力與部門功能管理的整合企業策略除了開始的規劃階段之外，最主要的核心問題即是策略執行力的落實。因爲策略執行力的品質關係著企業策略動作的成果與績效（Strategic Operation Performances）。另外一方面，企業高階CEO必須將企業策略與部門功能管理（Functional Department Management）整合出可行性極高、風險性極低的運作模。

- 企業策略企劃係企業學習型組織變革的一項過程，不一定就是執行策略的最高方針：所謂「學習型組織」（Learning Organization）係指企業組織中的各事業群、各分公司、各部門、各個人都在既定的企業文化中充分地交換意見、溝通資訊、整合決策，然後再加上企業策略企劃的執行，以達成組織變革與提昇員工工作能力的專業組織（Professional Organization）。
- 轉機型企業領導者一定將公司的企業文化融入公司的管理風格中：他們會授權給公司員工，堅守企業核心價值與企業文化，樂意面對因改變而產生的反彈、抵制以及不滿的混亂場面。

●轉機型企業領導者一定打告優質與優雅的企業文化，同時並塑造企業家精神以及擬訂明確可行的企業目標（Business Objectives）。

綜觀以上所述，企業全球戰略的挑戰是一種新的轉機，是一種徹底的轉變，基於「轉變最勝」的信念，企業龍頭或企業高階經營管理團隊必須整合全公司的企業資源，包括人力資源、財務資源、市場資源、物流資源、全球運籌管理、研發團隊、行銷戰力、製造戰力、品管資源以及策略資源等，作全方位全球化的投入與徹底執行。實戰全球企業的運作，往往在執行方面出了問題；執行的不力或一開始的策略錯誤，常常就是導致全球化企業失敗的主要原因。因此，企業文化與全球戰略機制的整合完整與圓滿，方能將企業重整推至成功的境界，亦才能達到企業自我改造、永續經營的終極目標。

議題 1 議題 2 議題 3 議題 4 議題 5
議題 6 議題 7 議題 8 議題 9 議題 10
議題 11 議題 12 議題 13 議題 14 議題 15
議題 16 議題 17 議題 18 議題 19 議題 20

議題 20
勁爆全民意志的經濟成長大戰略

近幾年來，全世界企業都已邁入二十一世紀的e化時代；而企業經營與企業重整最應考量的即是企業如何國際化，以提昇國際競爭力。因爲企業競爭力來自企業國際化的程度與策略執行之成果。

環顧全世界經貿體系與實戰運作，自二〇〇〇年代以後的國際經濟實已邁入「市場國際化」（Market Internationalization）與「經營國際化」（Management Internationalization）所主導的創新紀元；而我國經濟發展與對外貿易在國際經濟秩序與國際市場之導向下，亦已明顯跨進國際行銷（International Marketing）與國際投資（International Investment）的知識經濟時代。

正因爲如此，我國進軍國際市場與國際貿易經營戰略亦由傳統式的靜態被動轉型爲動能主動的實戰國際市場開發策略，並朝向「國際企業」

（International Business）與「跨國控股企業」（Multinational Holding Business）的目標邁進。

更進一步而言，企業國際化的趨勢已是一股擋不住的潮流，尤其在這二十一世紀全世界經濟與貿易都息息相關之際，更是任何企業欲著手進行企業重整必須執行的經營政策。

換句話說，無論是出口行銷（Export Marketing）、進口行銷（Import Marketing）或多國籍行銷（Multinational Marketing）等，都很自然地會演變成企業國際化架構。當非本土企業分公司數量逐漸增加，規模日益龐大，無論在行銷、研發、財務、人力資源、事業群、生產線、物流管理、市場競爭等愈趨複雜之際，企業集團的管理一定相對複雜化。因此，企業集團總部（Business Groups Head Quarter）即自然而然地需要建構一個國際運作的總部（International Operation Headoffice）。諸如此種型態的組織架構，最常見於那些擁有龐大企業總部的集團企業。（這些全世界知名的龐大企業，通常都佔其年營業額（Annual Turnover）百分之四十五以上）。因此，全世界各國的各大企業都處心積慮的欲跨步國際。所謂「立足本土，放眼天下，逐鹿國際」即是企業重整、再定位與轉型必經的一條生路。

一、企業國際化的內涵

所謂企業國際化（Business Internationalization）係在企業集團的組織架構與管理功能重新整合其最有利基的優勢與定位。其中在企業組織的設計內應包含一個超大型的本土企業總部，及一個相對應的國際部門。這兩個部門都應直接向企業集團總裁CEO負責。此種組織架構可強化企業總部對非本土公司的監控與管理；並且使得全世界各分公司之間都能做到更頻繁的知識交流與資訊分享。

在企業發展國際化的途徑上，必須成立國際行銷部門，並培訓國際行銷外語人才（以國際行銷暨貿易英語爲主）。同時，在國際市場開發實戰策略方面，建構強而有力的國際行銷通路，並派專業國際行銷人才出國接洽客戶，爭取國際行銷訂單，無論OEM、ODM甚至OBM之大訂單都可迎刃而解，手到擒來。

換句話說，一流的國際行銷專業人才，必須徹底瞭解國際貿易實務、貿易行銷英文以及國際行銷戰略等看家本領。例如：外國客戶如果說：「Your price is too high」您該如何應對呢？如果他們又說：「Please break down the CIF offer」又是如何種意思呢？諸如這些專業國際行銷英文在在都是一流國際行銷專業人才決勝國際市場所必須具備的充分必要條件。

另外一方面，國際行銷係企業國際化之先鋒部隊與橋頭堡。因此，國際行銷之成功關鍵要素（Key Success Factors/KSF）即是國際行銷理念（International Marketing Concept）與國際行銷策略（International Marketing Strategies）兩種之綜合績效。

二、實戰成功的國際行銷理念群

- 外銷廠商必須做國際市場客戶所想要的產品與技術研發。
- 外銷廠商必須製造優良品質的產品，並控制產品品質的穩定度（Quality and Stable Products Will meet the International Market demand）。

- 企業在國際市場行銷的報價必須具有競爭力。
- 國際市場的訂單，必須要準時交貨。因爲國際市場客戶都是下年度預訂訂貨量（Forecast）以及試銷訂單（Trial order）。
- 企業廠商千萬不能偷工減料，才不致影響品質，造成國際商務糾紛。
- 國際市場的訂單要能依照國際客戶的訂單及規格交貨。
- 企業必須具有良好的生產管理、品管、檢驗（IQC、IPQC、OQC、QA）包裝，以及出貨等事宜。
- 企業體必須具備健全的組織運作與經營管理。
- 企業體要具備領導力、創新力與企劃力。
- 企業體必須具備市場行銷策略，才不致閉門造車，製造出不被國際市場接受的產品及設計技術。

- 研發要爲市場行銷而提昇技術層次，不能爲研發而研發；應該爲國際市場研發。
- 企業體必須培訓國際貿易專業人才以及國際貿易英文專才。

綜觀以上所述，在這全球知識管理（Knowledge Management）的新時代，國際經貿情報化、國際市場自由化以及企業經營國際化的導向下，我國對外經貿愈來愈發達，同時，也愈來愈艱辛。因此，爲了突破國際市場的保護障礙，我國國際經貿的經營也應由傳統式的「市場被動」改變轉型爲開發式的「市場主動」的實戰策略，方能在國際市場的舞台上立足與發展。

正因爲如此，「國際市場研究」（International Market Research）與「國

際市場開發」（International Market Promotion）就成爲滲透市場唯一的「雙贏策略」（Win-win Strategies）

既然企業國際化是一股擋不住的潮流，企業體實應立即著手培育專業國際行銷人才、國際商戰人才以及外語人才，尤其是國際企業管理（International Business Management（IBM））的高階經營管理專業經理人及CEO TOP Management Team（高階經營管理團隊），方能在國際化的環境中脫穎而出，運籌帷幄，決勝千里。

三、企業國際化專業人才的資源管理

企業體在實現國際化構想的最大瓶頸，在於有能力負責國際化經營管理的專業人才不足。這是因爲需要的專業人才係依國際化策略而定，以致在整體策略有所改變必要的情況之下，國際化專業人才的素質與數量也愈隨之改變。換句話說，在國際化策略改變的同時，企業體的人才資源結構亦必須站在長期的經營觀點上，適時加以改變。亦即，企業體對於國際化專業人才本身的概念，或培育專業人才所需要的教育課程、研習制度、師資以及教材等，亦應該適時改變成能夠適應新的國際化策略需求之所有內容，否則國際化策略與人力資源之間的互動關係將難以配合。換句話說，必要時，企業體找不到適當的國際化專業人才，剩餘的大多只有傳統理論知識，不太能派上用場的人士而已。

一般而言，有些大型企業將國際化人才培育委託學術界或企業本身獨立的研究院，而由企業策略中脫離。換句話說，他們並沒有將人才培育視爲國際化策略性課題來考量；而是將教育訓練、研習計畫視爲以年資作爲晉昇順序的通過儀式。因為將經理級、課長級等主管，依年齡一批一批地進行教育訓練及研習，以個別國際化人才之專業能力與知識開發的需求就無法一致。換句話說，經理級（高階主管）以及課長級（中階主管）之教育訓練特質本來就不相同，所以其課程與訓練研習內容一定要因才施教。

以下將企業國際化專業人才的教育訓練以圖詳細敘述如下：

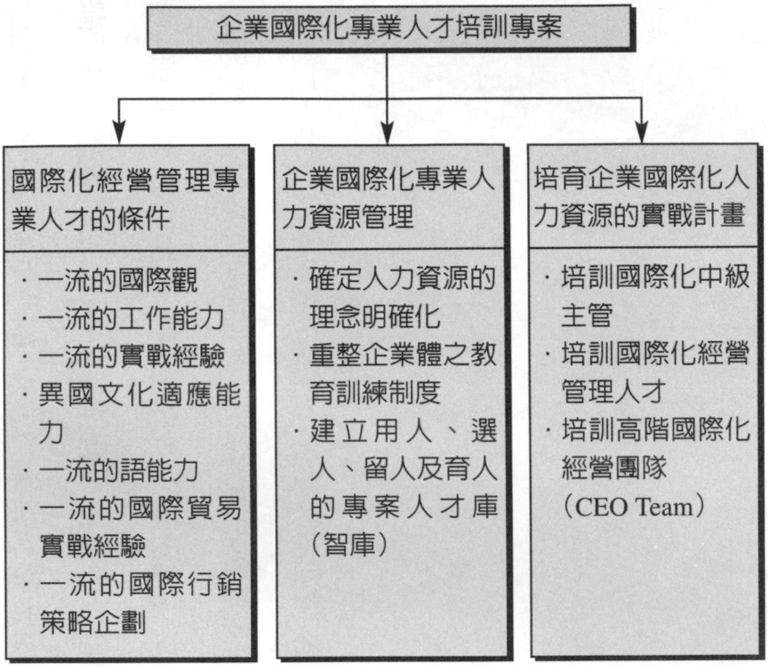
企業國際化專業人才培訓專案
國際化經營管理專業人才的條件
·一流的國際觀
·一流的工作能力
·一流的實戰經驗
·異國文化適應能力
·一流的語能力
·一流的國際貿易實戰經驗
·一流的國際行銷策略企劃
企業國際化專業人力資源管理
·確定人力資源的理念明確化
·重整企業體之教育訓練制度
·建立用人、選人、留人及育人的專案人才庫（智庫）
培育企業國際化人力資源的實戰計畫
·培訓國際化中級主管
·培訓國際化經營管理人才
·培訓高階國際化經營團隊（CEO Team）

企業國際化專業人才的教育訓練圖

由上圖觀之，企業國際化專業人才的培訓是長期計畫，無論在進修課程或教育訓練專案（Staffs Training Project/STP）各方面，都必須以今後企業國際化策略所需要何種人力資源爲前題來加以擬訂與執行。當然，此種教育訓練專案必須以企業集團整體策略需支而定。因此，在企業國際化策略方面，人力資源管理（Human Resources Management/HRM）共有以下四項重要課題：

- 吸收優秀專業人才，並雇用他們以促使行銷戰力（Marketing Forces）更上一層樓，並能引起其工作動機更穩固，發揮其各種專長。
- 預測企業國際化策略人才的特殊需求並建構其運作架構與實戰流程。
- 鼓勵全公司員工再學習的精神與興趣，並經常充實人力資源的工作活力。

● 為了達成企業國際化的終極目標，企業體應該設立最適合的教育課程與訓練計畫，以充分儲備企業體集團的人才庫或稱為智庫（Think Tank），以使企業體的國際化能永續經營與發展。

一般而言，企業經營除了組織變革與企業文化之塑造與推行之外，最重要的因素即是國際市場的掌握，所謂經營全球化（Management Globalization）與市場國際化（Market Internationalization）即是此種經營模式的寫照。

更進一步而言，企業經營既然要做企業重整，就必須要先重新整合國際市場之利基與優勢，並掌控國際市場行銷通路（International Marketing Channel）與國際物流管理（International Logistics Management）。因此，如果任何企業能夠掌控國際市場，那麼該企業絕對能在國際舞台上佔有一席之地。由此觀之，企業要提高競爭力，唯有企業國際化一途，方能究竟。

所謂企業國際化（Business Internationalization）即是企業經營的理念、市場、產品、文化、策略、研發技術、行銷通路、廣告媒體、促銷活動、企業定位以及企業組織、人才培訓在在都需要達致一定的國際水準，在國際企業管理（International Business Management/IBM）的領域中決勝。

四、企業國際化的經營課題

二十一世紀的全球與國際市場已進入到電腦網路、電子商務與資訊家電（International Appliances/IA）的各項領域。目前正是迎接業根本改變觀念的時代。在面對國際經貿市場競爭態勢下，企業經營不應以內銷結構來思考策略，實在應該轉變由全球視野（Global Vision）與國際觀

（International Sight）來提出戰略構思，方能在國際舞台上立於不敗之地。

因此，企業重整亦應從企業全球戰略的角度切入，以往企業經營的行銷策略都是以國內市場爲核心經營的大型製造業，高科技集團產業以及大型國際通路產業，都是藉由出口行銷（Export Marketing）而雄霸一方，不再適合國內企業的經營戰略。

今後的企業經營課題僅依賴國內的市場需求已無法解決任何行銷問題，企業經營者必須站在全球觀點上架構全球大戰略的經營模式，否則將無法開創企業未來。尤其，必須以具備全球規模的策略來進行企業改造與經營管理，因此，企業經營者或CEO必須具備國際觀與全球視野的大戰略是十分重要的決勝因素。全球主義（Globalism）時代的特徵，即在於國際經濟或社會運作必須超越國家主權的本位主義，方能正常運作及發展。正因為全球主義所要求的精神係將國家認定為是構成全世界國際經貿的一份子；在此認知之下，必須與其他國家共生共榮，以尋求國家的生存之道。這就是亞太地區（Asia-Pacific Region）各國經貿聯盟或北美地區（North American Region）美國、加拿大經貿聯盟的主要戰略。

環顧全世界經濟體制，自一九九〇年代以來，全球市場產生急劇的變化，整個國際市場發生空前未有之激變與競爭，甚至到了全球產業與全球市場整合的境地。國際行銷舞台由原先之歐洲市場與美國市場新紀元，演變至一九九〇年代的亞太市場（Asia-pacific Market）的新時代。

因此，在整個亞太地區經貿圈中，又以亞洲四小龍（台灣、香港、南韓、新加坡）為亞太地區的供應市場。正因為國際化策略必須首先著重國際行銷，而國際行銷（International Marketing）實戰則必須進行國際市場研究與國際市場開發，因此，在全球貿易自由化、世界區域經濟聯盟與全球整合行銷(Global Integrated Marketing)之興起下，新的全球經貿推廣模式與全球市場競爭戰略必定推陳出新，國際企業競爭與國際行銷戰略勢必訴求再定位的市場利基（Market Niche）與市場優勢（Market Advantages）。因此，企業國際化策略更是當今台灣企業生存發展的主軸，進行戰略性國際化之企業升級更是勢在必行與當務之急的課題。

茲將企業國際化策略詳述如下：

- 國際市場研究（International Market Research）：即專業研究國際市場規模市佔率與競爭態勢。
- 國際市場開發（international Market Promotion）：即專業開發國際市場的行銷策略、通路整合（Channels Integration）物流管理

（Logistics Management），以及國際市場行銷業績。

- 國際產業整合：即整合國際產業，例如國際半導體市場上游之晶圓設計、晶圓OEM中游之封裝產業、下游半導線架等。此種產業整合即稱爲垂直式上、中、下游產業整合（Industry Integration）。

除此之外，尙有國際市場DRAM之晶片整合，以及國際市場（CD-ROM/CDR以及DVD-ROM）之軟體與硬體之水平式整合。

- 國際運籌管理：國際運籌管理亦可稱爲全球運籌管理（Global Logistics Management），其內涵即是以全球戰略觀點切入企業全球化的行銷（Marketing）、研發(R&D)、人力資源（Human Resources）、製造（Manufacturing）、財務支援（Financial Supporting）等各領域，並全方位整合其統合戰力（Integrated forces）。尤其在全球行銷

(Global Marketing)的專業領域中的國際行銷通路、物流管理、倉儲（Warehousing）、商流、資訊流等各方面都必須有戰略性的思維與佈局。這樣，就能接獲國際OEM、ODM甚至OBM大訂單，進而成為跨國企業。

- 國際企業文化的整合：國際企業必須著重跨國際企業投資與多國籍企業（Management Business）之多元化經營，甚至以企業併購的方式進行國際企業整合。因此，國際企業文化的整合是決定企業國際化成敗的主軸。
- 國際經營策略的整合：企業經營者或CEO必須擁有國際企業的經營才能與策略規劃能力，並充分授權給各部門執行徹底，方能有成果。

●國際企業經營管理人才的培育：尤其高階經營管理人才，即所謂的（CEO TOP Management Team）。

●國際市場行銷專業人才的培訓：國際市場行銷專業人才首須著重國際貿易實務、國際語言以及國際法律人才的專業培訓．同時，並必須培訓人才具備國際觀與全球視野，這樣才能擁有一支具備全球大戰略的國際行銷兵團，提昇國際行銷作戰戰力。

四、戰略性企業經營決勝市場

企業要想永續經營（Going-Concern），就必須講求策略；而策略的制定必須是一個兼具創意分析特質的過程，方能執行於最終極的企業競爭的戰場上。沒有策略，就沒有企業；沒有策略企劃，就沒有永續經營，這是全世界各企業欲立於不敗之地最好的座右銘。

一家企業的策略往往是高階經營層（Top Management）或者是經營管理團隊（Management Team）中之總裁CEO所親自制定，以全公司之對內利益與對外競爭爲考量之目標，統合各部門或各事業群之生存發展利基與優勢，擬訂整套市場競爭或產業競爭之成功方案，貫徹執行力，以取得優勢競爭的主導權。因此，在跨世紀全球企業競爭的環境中，各企業的CEO都盡全力地專注其策略焦點、全球宏觀視野與卓越領導技能，以期能充分藉由不斷地自我變革而維持本企業的永續發展。

在邁向新世紀的企業商戰領域中，成功的企業必須包含「策略經營」(Strategic Management)與「策略行銷」（Strategic Marketing）兩大機制；而策略經營的主要機制可分爲「動態經營」與「靜態經營」等兩種領域。

綜觀以上所述，策略經營的定義及其實戰運作的涵養可分述如下：

- 策略經營係企業在混亂的市場競爭中，企業所賴以生存的因應機制。
- 策略經營係企業以領導者爲首，整合公司全體員工之作戰力，以突破因爲企業環境變化所造成的經營困境。
- 策略經營係藉由系統化策略（Systematic Strategies）的擬訂、經營策略（Managing Strategies）的發展建構，以及企業組織戰力（Organizational Forces）的開發三種綜效能量整合而成。
- 策略經營係企業策略企劃（business strategies Planning）與企業組織戰力（Organizational Forces）統合而成。
- 策略經營係企業集團有組織、有系統，以及經營理念的統合而成。

茲將企業策略規劃之流程管理系統以圖詳述如下：

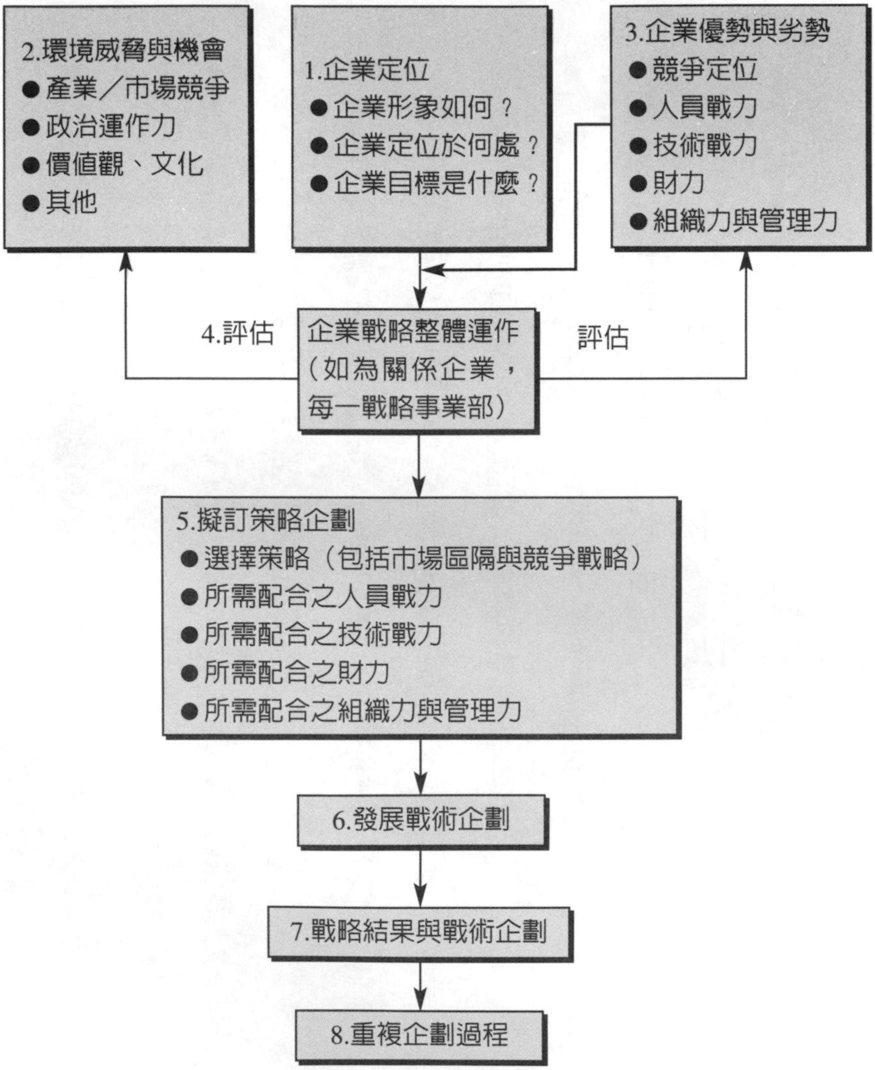

企業戰略規劃之流程系統

結論：策略經營的創業精神與企業文化

隨著企業集團競爭版圖的日益白熱化與全球化，全球化戰略（Globalized Strategies）的眞正課題將會在策略高手的心目中佔據愈來愈重要的地位。因此，全球企業戰略（Global Business Strategies）在二十一世紀已成為全球企業面對的重要課題。換句說，全球企業戰略亦成為全世界各國跨國企業與企業國際化必須面對主要挑戰。以往傳統的理念都認為全球大型企業在全球市場的競爭較具優勢與利基，勝算比較高，然而，由最近二十一世紀的全球企業實戰風雲錄觀之，全球化企業往往具備獨特的優勢、卡位與企業再定位（Business Repositioning）的競爭利基。另一方面，全球化企業同時亦具備創業精神的企業文化（Business Culture），比較容易調整以配合全球化的願景（Global Vision），在企業文化與企業重整改造的運作中，比較容易成功地推行。

附錄

經濟知識管理錦囊

財經專用名詞解讀

1.多頭市場（Bull Market）亦稱為「牛市」。

當股票市場行情看漲，大單買進，量能持續增加，外資法人、投信基金、證券自營商、市場忠實戶、散戶都買進股票；而股價長期保持上漲的情況（即漲多跌少，呈現驚驚漲的盤勢，稱牛市，亦稱「多頭市場」。

牛是一種勇猛直衝的激進動物，敢衝、敢買，勇於冒險；在股市中代表樂觀大膽的投資人；這群人看漲股市，勇於掛單買進，想做波段操作，賺取大波段的行情與利潤，尤其是看好台股指數作多，因此以「牛市」（多頭市場或多頭行情）來比喻市場行情（股市或匯市）上漲的盤勢。

2.空頭市場（Bear Market）亦稱為「熊市」。

當股票市場行情看跌，大單賣出，量能持續減少或量能急速爆增至天量（指當日營業日成交量超過台幣二千五百億），外資法人，投信基金、證券自營商、市場忠實戶、散戶都急殺股票；而股價轉折為長期下跌的情況（此即變盤的轉折點，即漲少跌多或急速重挫的盤勢），委賣大於委買張數，賣出的投資人多於買入者，股市後市行情看跌，稱「熊市」，亦稱為「空頭市場」。

熊是一種小心謹慎、戒慎恐懼的動物。在市場中表示悲觀主義者；另方面，當熊要進攻或襲擊他人時，雙眼會朝下望，因此用熊市來比喻股市或匯市「下跌」與「看跌」的涵義。表示「空頭市場」或「空頭行情」的盤勢。

3. 市場買氣（Market Buying Sentiment）

係指股市或匯市之買入人氣旺盛。在樂透彩與大樂透出現後，更是全民拼經濟的買氣，尤其在台北銀行加碼的當期買氣，更是如日中天般的紅不讓。

4. 經濟過熱（Economy is Overheating）**又稱為市場景氣過熱**（Overheating Market Demand）。

由於市場一片榮景，買氣旺盛，過份投資與投機（此時投機因素大於投資因素），即造成泡沫經濟（Bubble Economy）與市場萎縮（Market Dull）。

5.大股東（Big Shareholder）

係指企業體之高階經營管理人（總裁CEO、董事長、總經理）或股市中的大戶：手中掌握有某家企業（上櫃或上市）之股票，稱爲大股東。無論市場是多頭或空頭，往往大股東都會先知道，此所謂「春江水暖鴨先知」。因此，大股東常常處分（指賣出獲利之股票）績優股或已賺取一大波段行情與利潤之股票。

6.經濟成長（Economic Growth）

係以GDP（國內生產毛額，Gross Domestic Production）每年的增長率百分比計算。例如2005年國內經濟成長率爲2.5%~4.5%。

7. 貿易依存度（The Reliance of International Trade）

係指國家對外貿易的依賴程度而言。例如，台灣對外貿易依存度爲全世界之冠，竟高達98％。因爲台灣是海島型經濟型態，先天缺乏天然資源，必定要依賴進口貿易、出口貿易、轉口貿易、三角貿易、四角貿易來推動國家的經濟成長。如果台灣每一個人口袋每一元美金、有關國際貿易與國際行銷等對外貿易依存度之進出口的比例即佔了9角8分美金。

8. 國際收支（International Balance of Payment）

係指國際貿易的經常帳（Current Account）中的收入與支出的比例。如果出口金額大於進口金額即稱爲「順差」（Surplus）。如果進口金額大於出口金額則稱爲「逆差」（Deficit）。

9. 最惠國待遇（Most Favorite Nation / MFN）

世界各國對與其貿易對象在談判任何關稅減讓中給予的最優惠的待遇。各談判對手必須遵守各項原則。

10. 配額（Quota）

係指政付對進出其國境的商品數量所採取的管制措施，視進出口之情況而有進口及出口數量管制。

參考資料

1. 許長田之教學講義、演講稿、投影片、電腦磁碟片與許長田個人網站等有關市場行銷與行銷策略之資料。
2. 許長田教授親自指導國內外企業界有關行銷策略之資料與教材。
3. 許長田教授指導經濟部中小企業處與中國生產力中心之上課講義及個案研究之教材。
4. 許長田教授擔任工商企業界CEO、總經理以及企管顧問等有關行銷策略之資料與教育訓練之教材。
5. 許長田教授二十多年從事國際貿易、國際行銷之實戰經驗與寶貴資料。

6. 許長田教授對經濟研究心得與財經操作經驗（投資理財、股票、外匯）。

弘智文化價目表

書名	定價		書名	定價
社會心理學（第三版）	700		生涯規劃：掙脫人生的三大桎梏	250
教學心理學	600		心靈塑身	200
生涯諮商理論與實務	658		享受退休	150
健康心理學	500		婚姻的轉捩點	150
金錢心理學	500		協助過動兒	150
平衡演出	500		經營第二春	120
追求未來與過去	550		積極人生十撇步	120
夢想的殿堂	400		賭徒的救生圈	150
心理學：適應環境的心靈	700			
兒童發展	出版中		生產與作業管理（精簡版）	600
為孩子做正確的決定	300		生產與作業管理(上)	500
認知心理學	出版中		生產與作業管理(下)	600
醫護心理學	出版中		管理概論：全面品質管理取向	650
老化與心理健康	390		組織行為管理學	出版中
身體意象	250		國際財務管理	650
人際關係	250		新金融工具	出版中
照護年老的雙親	200		新白領階級	350
諮商概論	600		如何創造影響力	350
兒童遊戲治療法	出版中		財務管理	出版中
認知治療法概論	500		財務資產評價的數量方法一百問	290
家族治療法概論	出版中		策略管理	390
伴侶治療法概論	出版中		策略管理個案集	390
教師的諮商技巧	200		服務管理	400
醫師的諮商技巧	出版中		全球化與企業實務	出版中
社工實務的諮商技巧	200		國際管理	700
安寧照護的諮商技巧	200		策略性人力資源管理	出版中
			人力資源策略	390

書名	定價	書名	定價
管理品質與人力資源	290	全球化	300
行動學習法	350	五種身體	250
全球的金融市場	500	認識迪士尼	320
公司治理	350	社會的麥當勞化	350
人因工程的應用	出版中	網際網路與社會	320
策略性行銷（行銷策略）	400	立法者與詮釋者	290
行銷管理全球觀	600	國際企業與社會	250
服務業的行銷與管理	650	恐怖主義文化	300
餐旅服務業與觀光行銷	690	文化人類學	650
餐飲服務	590	文化基因論	出版中
旅遊與觀光概論	600	社會人類學	出版中
休閒與遊憩概論	出版中	血拼經驗	350
不確定情況下的決策	390	消費文化與現代性	350
資料分析、迴歸、與預測	350	全球化與反全球化	出版中
確定情況下的下決策	390	社會資本	出版中
風險管理	400		
專案管理的心法	出版中	陳宇嘉博士主編14本社會工作相關著作	出版中
顧客調查的方法與技術	出版中		
品質的最新思潮	出版中	教育哲學	400
全球化物流管理	出版中	特殊兒童教學法	300
製造策略	出版中	如何拿博士學位	220
國際通用的行銷量表	出版中	如何寫評論文章	250
		實務社群	出版中
許長田著「驚爆行銷超限戰」	出版中		
許長田著「開啟企業新聖戰」	出版中	現實主義與國際關係	300
許長田著「不做總統，就做廣告企劃」	出版中	人權與國際關係	300
		國家與國際關係	300
社會學：全球性的觀點	650		
紀登斯的社會學	出版中	統計學	400

書名	定價		書名	定價
類別與受限依變項的迴歸統計模式	400		政策研究方法論	200
機率的樂趣	300		焦點團體	250
			個案研究	300
策略的賽局	550		醫療保健研究法	250
計量經濟學	出版中		解釋性互動論	250
經濟學的伊索寓言	出版中		事件史分析	250
			次級資料研究法	220
電路學（上）	400		企業研究法	出版中
新興的資訊科技	450		抽樣實務	出版中
電路學（下）	350		審核與後設評估之聯結	出版中
電腦網路與網際網路	290			
應用性社會研究的倫理與價值	220		書僮文化價目表	
社會研究的後設分析程序	250			
量表的發展	200		台灣五十年來的五十本好書	220
改進調查問題：設計與評估	300		２００２年好書推薦	250
標準化的調查訪問	220		書海拾貝	220
研究文獻之回顧與整合	250		替你讀經典：社會人文篇	250
參與觀察法	200		替你讀經典：讀書心得與寫作範例篇	230
調查研究方法	250			
電話調查方法	320		生命魔法書	220
郵寄問卷調查	250		賽加的魔幻世界	250
生產力之衡量	200			
民族誌學	250			

全民拼經濟

作　　者／許長田
出 版 者／弘智文化事業有限公司
登 記 證／局版台業字第 6263 號
地　　址／台北市中正區丹陽街 39 號 1 樓
電　　話／（02）23959178・0936-252-817
傳　　真／（02）23959913
發 行 人／邱一文
書店經銷／旭昇圖書有限公司
地　　址／台北縣中和市中山路 2 段 352 號 2 樓
電　　話／（02）22451480
傳　　真／（02）22451479
製　　版／信利印製有限公司
版　　次／2004 年 4 月初版一刷
定　　價／450 元

ISBN　957-0453-99-0（精裝）

國家圖書館出版品預行編目資料

全民拼經濟＝Money-making strategies / 許長田著．-- 初版．-- 臺北市：弘智文化，2004〔民93〕

面；　公分

ISBN 957-0453-99-0（精裝）

1.經濟 — 論文，講詞等

550.7　　　　93004226